MÚSICA
CLAVE B
SECUNDARIA

José Palazón Herrera
Miguel Ángel López Ballester

Libro de Trabajo

Mc Graw Hill Education

BARCELONA · MADRID · BUENOS AIRES · CARACAS · GUATEMALA · LISBOA
MÉXICO · NUEVA YORK · PANAMÁ · SAN JUAN · BOGOTÁ · SÃO PAULO
AUCKLAND · HAMBURGO · LONDRES · MILÁN · MONTREAL · NUEVA DELHI · PARÍS
SAN FRANCISCO · SYDNEY · SINGAPUR · SAINT LOUIS · TOKIO · TORONTO

MÚSICA

Clave B • ESO • Libro de Trabajo

McGraw-Hill/Interamericana de España, S.L.
Edificio Valrealty, 1.ª planta
Basauri, 17
28023 Aravaca (Madrid)

ISBN: 978-84-481-9588-5
Depósito legal: M-9373-2015

Equipo editorial: María Isabel Bermejo, Miguel Montanyà y Pablo Hoces de la Guardia. **Diseño de cubierta:** Equipo de diseño de McGraw-Hill.
Diseño interior: Equipo de diseño de McGraw-Hill.
Fotografías: Corbis, Quickimage.
Ilustraciones: Rubén Jiménez (www.elrubencio.com).
Composición: www.dfrente.es
Impresión: Producciones Digitales Pulmen, S.L.L.
0821345679 - 2423222120

IMPRESO EN ESPAÑA-PRINTED IN SPAIN

TABLA DE CONTENIDOS

TABLA DE CONTENIDOS

ACORDES Y LAÚDES

1

Contextos musicales

- **El canto gregoriano:** música religiosa con ritmo libre, en latín, cantada *a capella*, canto colectivo de autores anónimos.
- **Trovadores y troveros:** música profana que canta al amor, a la guerra, etc. Utilizan las nuevas lenguas y no el latín, se acompañan de instrumentos y emplean un ritmo normalmente marcado. Las canciones de trovadores se cantan «a solo», y no en grupo.
- **Las *Cantigas de Santa María*:** composiciones poético-musicales en lengua galaico-portuguesa. Aunque de texto religioso, se considera música profana.

Lenguaje y creación

- **Intervalo:** distancia en altura que hay entre dos notas.
- **Acorde:** conjunto de tres o más sonidos que suenan simultáneamente.
- **Tresillo:** célula rítmica considerada «irregular» por incluir tres figuras donde normalmente caben dos.

Escucha

- **Auditorio histórico: el canto gregoriano**

  Respecto a su forma de cantar se divide en: **silábico, neumático** y **melismático,** en función del número de notas que se le hacen corresponder a cada sílaba.

- **Instrumentos medievales**

  Fueron muy variados y de formas muy diversas, con nombres como: chirimía, cornamusa, salterio, viola medieval, etc.

- **Auditorio moderno: el *reggae***

  Estilo musical afrocaribeño nacido en Jamaica. El principal representante de este estilo fue Bob Marley.

Interpretación

- **Contrapunto:** disposición de los sonidos de dos o más líneas melódicas que muestran cierta independencia entre ellas.
- **Modo:** escala antigua utilizada durante la Edad Media y el Renacimiento.

SISTEMA DE LOS GRIEGOS → MODALIDAD → MODOS (7)

Actividades de la unidad

Este apartado sigue la numeración del libro del alumno. No es extraño que aparezcan números salteados ya que solo hemos incluido en este Libro de Trabajo los ejercicios en los que el alumno debe escribir y, en cambio, hemos obviado aquellos en los que se trabaja solo la audición o la interpretación. Esta nota vale para el resto de unidades.

1. Escucha el siguiente fragmento de canto gregoriano e intenta responder a las siguientes preguntas:

a) ¿Se escuchan instrumentos o solo voces?

También se escuchan voces. → CANTO A CAPELLA.

b) ¿Cantan a una o varias voces?

Cantan varias voces. → Al unísono

c) ¿Sabrías identificar en qué idioma está?

En latín, ~~griego~~. El latín fue durante varios siglos la lengua oficial de la Iglesia.

2. Escucha un fragmento de la canción *Tant ai aimé* ('Tanto he amado'), del trovero medieval Conon de Béthune, y escribe las diferencias que aprecias con respecto al canto gregoriano.

En esta canción se puede observar que canta solo una persona. Se escuchan instrumentos aparte de la voz.
La (letra de la) canción Tant ai aimé no se parecía al canto gregoriano, es decir, el idioma creo que no es el mismo que el latín.
Tant ai aimé tiene un autor: Conon de Béthune, en cambio el canto gregoriano no tiene autor.

Actividades de la unidad

4. Escucha atentamente los tres fragmentos de gregoriano de tu CD. Intenta colocar las sílabas del texto en las notas que aparecen en las partituras de los dos primeros. Especifica a qué estilo melódico corresponde cada uno de ellos.

Fragmento 1. Texto: *Kyrie Eleison*

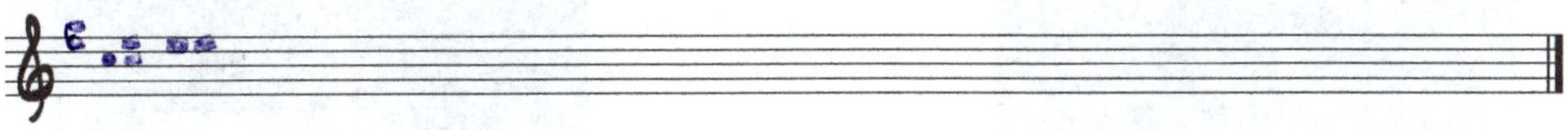

Estilo melódico: melismático, porque en cada sílaba se entonan muchas notas.

Fragmento 2. Texto: *Lauda Sion salvatorem, Lauda ducem et pastorem*

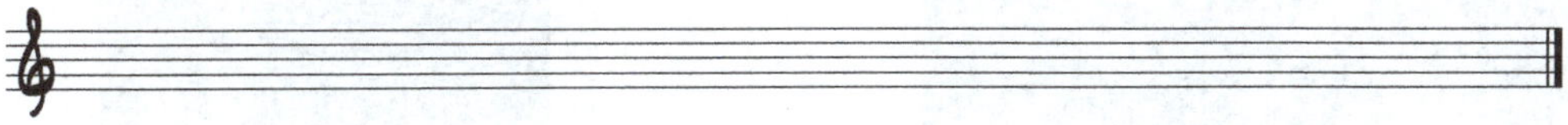

Estilo melódico: silábico, porque en cada sílaba del texto se entona una nota.

Fragmento 3. Texto: *Puer Natus est nobis et filius*

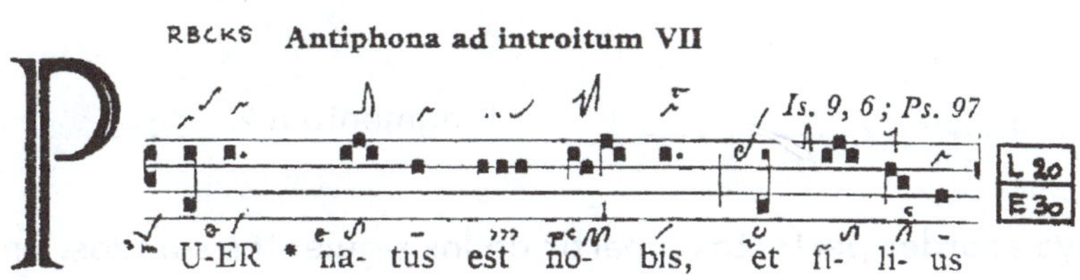

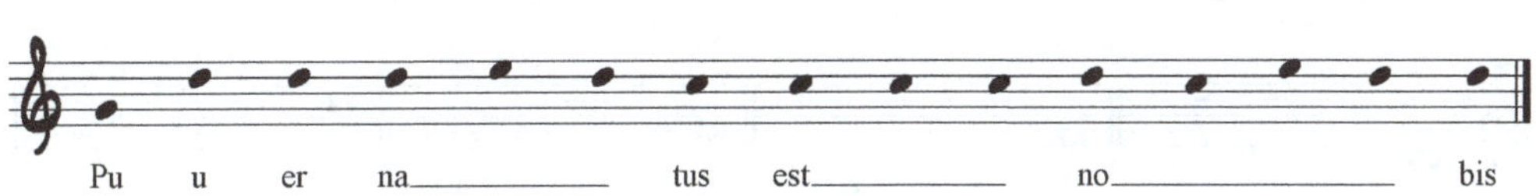

Estilo melódico: neumático, porque en cada sílaba del texto se entonan entre 2 a 4 notas.

Actividades de la unidad

6. Escucha la siguiente audición, que contiene cuatro fragmentos de diferentes instrumentos medievales. Asocia cada uno de ellos a una de las siguientes miniaturas de la colección de **cantigas** de **Alfonso X.**

Figura 1.5

Fragmento n.º: 4 : FÍDULA

Figura 1.6

Fragmento n.º: 2 : SABEBAS

Figura 1.7

Fragmento n.º: 1 : ARPAS

Figura 1.8

Fragmento n.º: 3 : CORNAMUSA

7. Construye acordes perfectos a partir de los siguientes sonidos. En los dos últimos, duplica alguna de las notas.

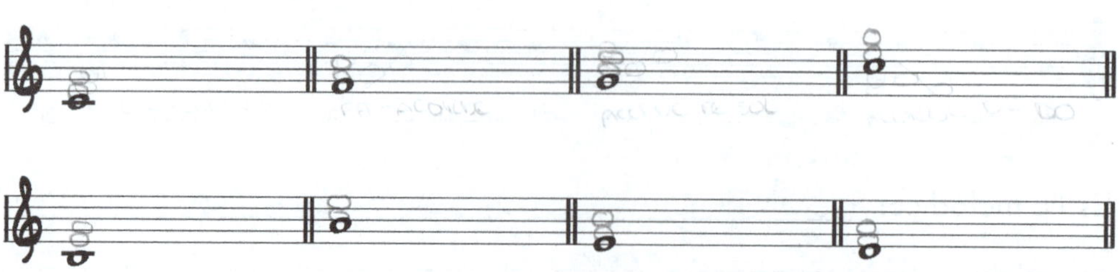

ACTIVIDADES FINALES DE LA UNIDAD

1. Define *intervalo* y *acorde*.

Intervalo: Es la distancia que hay entre dos sonidos.

Acorde: Varios notas que se tocan a la vez a distancia de tercera.

2. Nombra los siguientes intervalos.

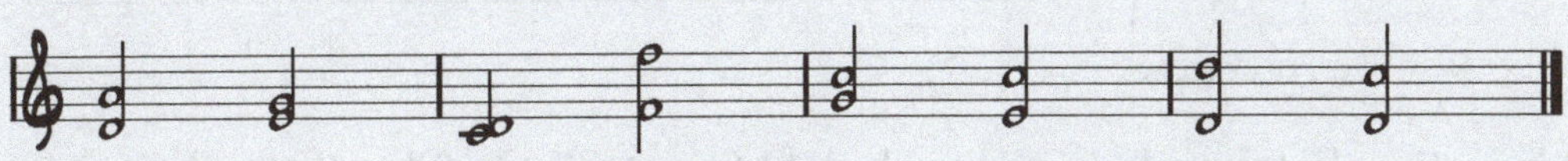

5 — 2 — 2 — 7 — 4 — 6 — 8 — 7

3. Observa los siguientes acordes e indica los casos en los que el acorde sea perfecto, es decir, un acorde construido superponiendo una 3.ª y una 5.ª respectivamente a la nota inferior, tal y como has podido aprender en esta unidad.

a) 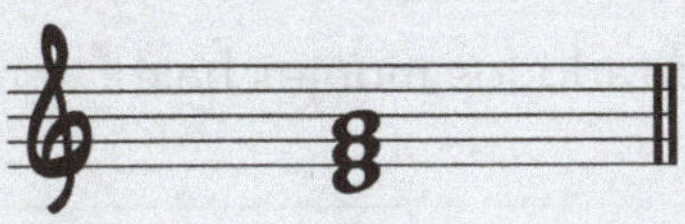 [X]

b) 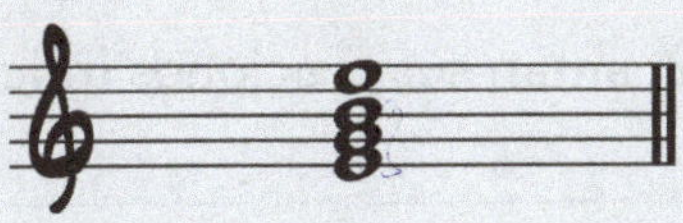 [X]

c) 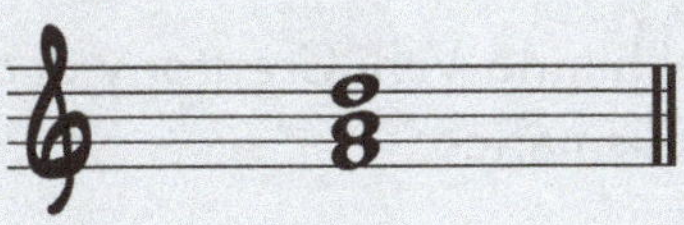 [ ]

d)  [ ]

e)  [X]

f)  [ ]

4. Explica en qué consiste el tresillo de corchea. Escribe en tu libreta de música dos compases de 4/4 que contengan al menos dos tresillos.

Es un grupo de valoración especial formado por tres figuras iguales que se tocan el tiempo que se deberían tocar solo dos.

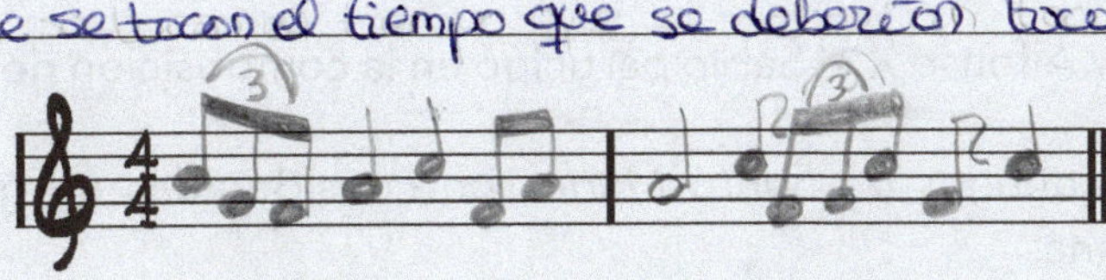

ACTIVIDADES FINALES DE LA UNIDAD

5. Busca en tu web de recursos el documento sobre la música árabe y enumera sus características.

-La música árabe tiene un sonido muy característico que lo conforman: modos melódicos y rítmicos.

-Tiene melodías muy ornamentadas.

-Los instrumentos principales son: el laúd árabe, la flauta nâi y la darbuka.

6. Investiga. Entra en la página web del Monasterio de Silos (http://www.abadia-desilos.es/) y responde a las siguientes cuestiones:

a) ¿En qué provincia española se encuentra este monasterio?

Se encuentra en la provincia de Burgos.

b) ¿Cuántos CD han editado los monjes hasta el momento?

Han editado 16 CDs.

c) ¿A qué horas del día cantan sus oraciones (oficios) los monjes?

-Los monjes cantan a las 9:00 de la mañana, los domingos y los festivos a las 12:00.

Maitines antes

Laudes: 7:30h

Tercia: 10:30h

festivo

Sexta: 1:45h

Nona: 16:00h

Vísperas: Bellede Nona

Completas: 07:40

d) Busca la partitura del himno *Veni Creator* y di qué estilo melódico utiliza: silábico, neumático o melismático.

-El estilo melódico es silábico.

7. Indica si es verdadero o falso lo que se afirma:

[F] *a)* La música de la Edad Media es exclusivamente religiosa.

[V] *b)* El canto gregoriano se canta en latín, tiene ritmo libre, es monódico y se canta *a capella*.

[F] c) Hubo compositores muy conocidos de canto gregoriano.

[F] *d)* El movimiento trovadoresco surge en Alemania.

[V] e) Las canciones de trovadores y troveros se acompañan de instrumentos, cantan al amor y a la guerra, y lo hacen en lenguas modernas.

[V] *f)* El rey Alfonso X el Sabio participó en la composición de algunas cantigas.

[V] *g)* Las *Cantigas de Santa María* son consideradas un género de música profana.

ACTIVIDADES FINALES DE LA UNIDAD

NOTACIÓN MUSICAL

8. ¿Qué tal tus facultades detectivescas? En la Edad Media vivió un monje llamado Guido d'Arezzo. A él se atribuye la invención del nombre de las notas utilizando un himno religioso *(Himno de la festividad de San Juan Bautista).*

a) Léelo y encuentra las notas ocultas:

- Quironomia
- Neumas
- S. XI Guido d'Arezzo

→ Tetragrama

Notas musicales

DO – *ut quean laxis*
resonare fibris
mira gestorum
famuli tuorum
solve populi
labii reatum
SI – *Sancte Iohanes*

b) Si has encontrado las notas ocultas, ¿cuál de ellas tiene un nombre completamente diferente a las que tú conoces?

La nota DO y la nota si.

9. ¿Qué movimiento ideológico aparece asociado a la música *reggae*? Cita algunos de los artistas más representativos de esta música.

El bluebat o ska. rastafari

- Bob Marley, Jimmy Cliff, Eddy Grant.

10. Relaciona con flechas las características musicales con su estilo correspondiente.

Acordes a contratiempo en la guitarra •	• Trovadores
Monódico, ritmo libre y *a capella* •	• *Reggae*
Monódico, acompañado de instrumentos •	• Gregoriano
Alternancia de estrofa-estribillo en galaico-portugués •	• Cantiga

Escribimos música

Este apartado está destinado a escribir música reproduciendo los ejemplos propuestos de la manera más fiel posible, es decir, a modo de caligrafía, por lo que debes prestar mucha atención a una correcta escritura.

1. **Escribe los siguientes acordes en el pentagrama inferior. Indica debajo de cada acorde escrito el nombre del mismo.**

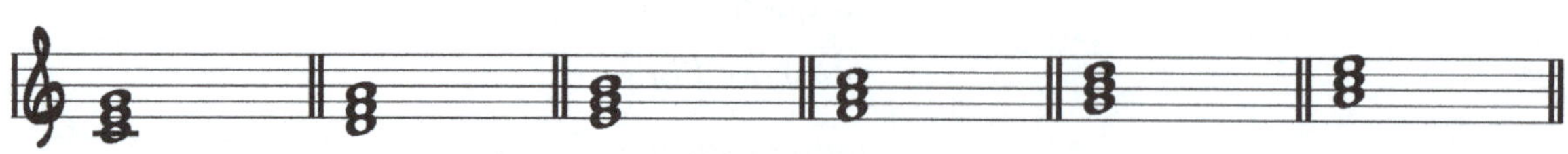

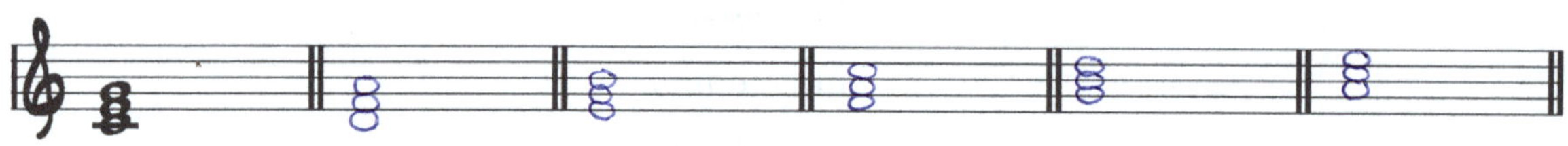

Do	re	mi	fa	sol	la

2. **Escribe los siguientes arpegios en el pentagrama inferior.**

Lectura musical

3. **Lee el nombre de las notas en esta melodía que está construida sobre una escala antigua, la escala dórica. Respeta la duración de las figuras al leer.**

Ejercicios de ampliación

4. A continuación vamos a repasar lo que hemos aprendido en esta unidad. Rellena los espacios en blanco con las palabras adecuadas.

a) A la distancia que hay entre dos sonidos la llamamos __intervalo__. Cuando tres o más sonidos diferentes suenan simultáneamente hablamos de __acorde__ La subdivisión artificial de una negra en tres corcheas se denomina __tresillo__.

b) Entre los instrumentos de la música árabe podemos citar el __laúd__ árabe, la flauta __nai__ y en la percusión la __darbukka__.

c) El canto gregoriano es un canto concebido para __orar__ y tiene una textura __monódica__. El texto del gregoriano está escrito en __latín__ y se caracteriza por tener un ritmo __libre__.

d) Las *Cantigas de Santa María* narraban los __milagros__ de la Virgen y están escritas en el idioma __bernácula__. A través de su colección de unas dos mil __miniaturas__ tenemos mucha información sobre los instrumentos de la época.

e) La música *reggae* nació en __Jamaica__ y su principal representante es __Bob Marley__.

5. Repaso de los intervalos

Construye, a partir de la nota dada, el intervalo requerido.

Ejemplo:

4.ª arm. asc. | 5.ª mel. asc. | 6.ª arm. asc. | 7.ª mel. desc. | 8.ª arm. asc. | 4.ª mel. desc. | 3.ª arm. asc.

6. Acordes.

Rellena, en cada caso, las notas que faltan para completar el acorde.

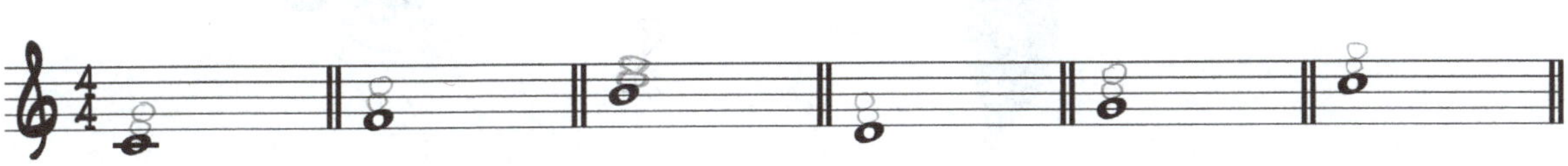

Juegos musicales

7. Lee las definiciones e indica los nombres en cada espacio del crucigrama.

1. Tres o más sonidos diferentes que suenan simultáneamente.
2. Nombre de textura muy común en la música árabe.
3. Canto en latín, *a capella,* de ritmo libre y religioso.
4. Composición poético-musical en galaico-portugués.
5. Instrumento de cuerda de la Edad Media.
6. Estilo musical afrocaribeño nacido en Jamaica.
7. Estilo melódico del gregoriano que asigna muchas notas a una sola sílaba.

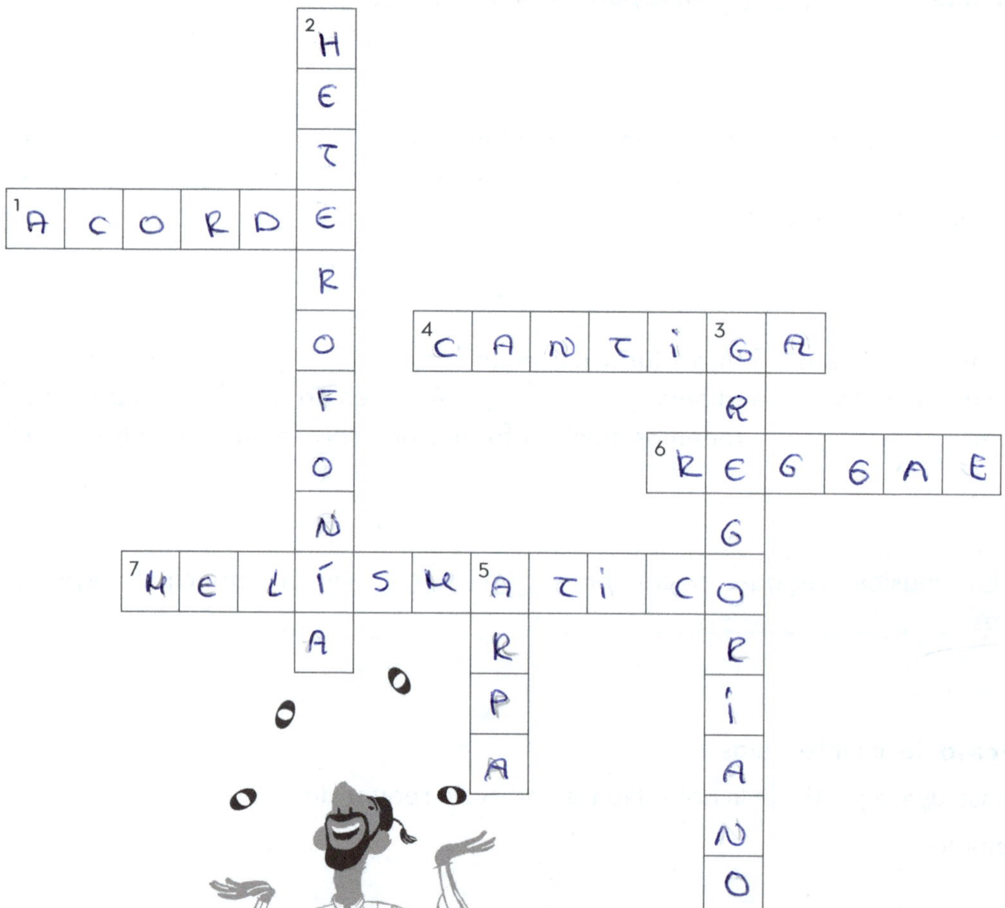

Ficha de audición

Audición n.º 1

Obra/canción: Cántiga de Santa María nº136
Autor: Alfonso X el Sabio
Época: Edad Medial
Estilo: Medieval
Intérprete: Desconocidad
Género: Vocal

Aspectos musicales a destacar:

-A ¿Quién recopila las cántigas?
-Las cántigas las recopila Alfonso X El Sabio.
-B Define una cántiga
-Una cántiga es una palabra que designa un tipo de composición poético-musical en lengua galaico-portugués → Su texto es de tema religioso aunque se considera musica profana.
-C Explica el tema de la cántiga nº 136.*
-D Define su estructura.*

N.

Audición n.º

Obra/canción:
Autor:
Época:
Estilo:
Intérprete:
Género:

Aspectos musicales a destacar:

Ⓒ *El tema de la cantiga nº136 es pedir favores a la virgen
Ⓓ* Su estructura consiste en la alternancia continua de un estribillo con diferentes estrofas.
Darle las gracias, ganar una guerra...

Ejercicios melódicos

Ejercicios rítmicos

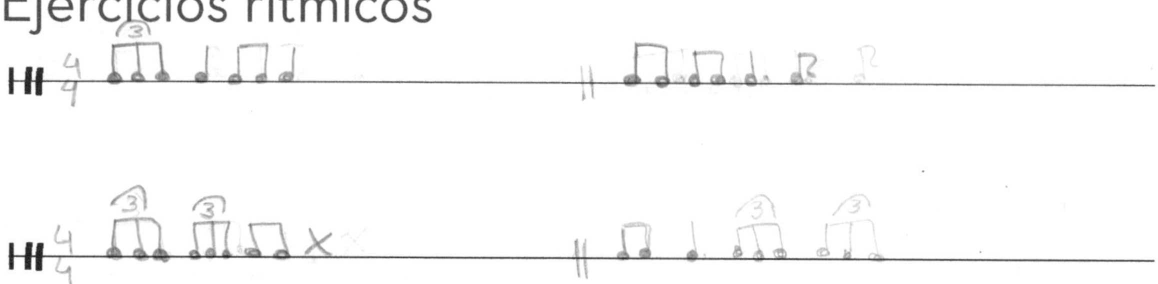

AIRES PENTATÓNICOS

2

Contextos musicales

Músicas renacentistas	Vocal religiosa	• Puede decirse que existe un **estilo «internacional».** • Los géneros más importantes son el **motete** y la **misa.** • Están compuestos generalmente **a 4 y 5 voces.** • Utilizan la técnica del **contrapunto imitativo.**
	Vocal profana	• **Dependiendo del país** o zona geográfica, se desarrollan **géneros propios,** en contraste con el estilo «internacional» de la música religiosa. Los más destacados fueron: – **Chanson** francesa – **Madrigal** italiano – **Villancico** español
	Instrumental	• Música instrumental **basada en modelos vocales.** • Un procedimiento compositivo son las **variaciones.** • Música **de danza** (se asociaban pares de danzas como *passamezzo-saltarello* o *pavana-gallarda*). • Se comienzan a desarrollar las **familias instrumentales.**

Lenguaje y creación

- La **nota *do* en el piano** se encuentra en la tecla blanca que está antes del grupo de dos teclas negras.
- **Inversión de acordes:** se da cuando cambiamos de orden las notas que los forman.
- **Arpegio:** se forma al desplegar los sonidos de un acorde.

Escucha

- **Auditorio histórico: la música vocal profana del Renacimiento**

  (Ver arriba)
- **Auditorio moderno: la música *disco***

  Nace en los años setenta como música de baile asociada a la proliferación de discotecas, con cantantes como Donna Summer o grupos como The Bee Gees.

Interpretación

- Algunas *chansons* como *Tant que vivray* se hicieron muy populares en el siglo XVI.
- Características principales de la música de Extremo Oriente:

  – Ausencia casi total de armonía.

  – Predominio de las escalas pentatónicas.

Actividades de la unidad

1. Escucha esta audición, perteneciente a una obra del Renacimiento, y observa el principio en la partitura inferior.

De las siguientes opciones, señala las que creas correctas.

- Es una obra a una voz (monodia). [ ]
- Es una obra a varias voces (polifonía). [X]
- Las voces no se imitan entre ellas. [ ]
- Algunas voces se imitan entre ellas. [X]

2. Escucha este fragmento de la misa *Ave Maria Stella*, del gran compositor del Renacimiento español Tomás Luis de Victoria (1548-1611), e intenta identificar a qué oración pertenece de las que hemos nombrado.

parte de la misa
Kyre eleis, textura contrapuntística, Tomás Luis de Victoria fue un compositor grande en el ámbito religioso.

3. Escucha los siguientes fragmentos musicales y, teniendo en cuenta lo explicado arriba, di a qué género pertenece cada uno.

Fragmento 1: Es una chanson de Francia, homofónica → textura.

Fragmento 2: Es un madrigal de Italia, textura homofónica contrapuntística.

Actividades de la unidad

4. **En el Renacimiento era habitual escribir versiones para instrumentos de las piezas de música vocal que estaban «en la lista de éxitos». Escucharás ahora cuatro fragmentos que pertenecen a dos piezas vocales y sus dos correspondientes versiones instrumentales. Relaciona cada fragmento con su pareja:**

Fragmento n.º 1 con fragmento n.º 3
Fragmento n.º 2 con fragmento n.º 4

5. **Escucha un fragmento del villancico *Cu-cu*, de Juan del Encina versionado por dos intérpretes diferentes.**

- ¿Puedes entender el texto de este villancico? ¿De qué trata?

Habla de la infedelidad de su mujer, y el hombre aconseja a otra persona que no deje su mujer a ir a hacer sus necesidades.

- ¿Qué diferencias aprecias entre ambas versiones? ¿Cuál te gusta más? ¿Por qué?

A Voces mixtas
En la segunda hay instrumentos que suenan más, y que la primera ~~segunda~~ es apagada y la segunda es alegre. En la primera es voz masculina y la segunda es voz femenina.

6. **Escucha un fragmento de *Now is the month of maying* del compositor Thomas Morley:**

- ¿En qué parte de la pieza la textura pasa de ser homofónica a ~~polifónica~~ contrapuntística?

Pasa a ser contrapuntística en el Falala; en el estribillo. Homofónica: copla.

- ¿Coincide la música de la flauta con el texto que se canta?

Si, porque la flauta dobla las voces, hace lo mismo desde la introducción hasta el final.

V+.

Actividades de la unidad

8. Escucha la siguiente audición que contiene tres fragmentos de instrumentos renacentistas. Intenta asociar cada uno de ellos con su nombre e imagen.

Figura 2.6

Laúd árabe

n.º 3

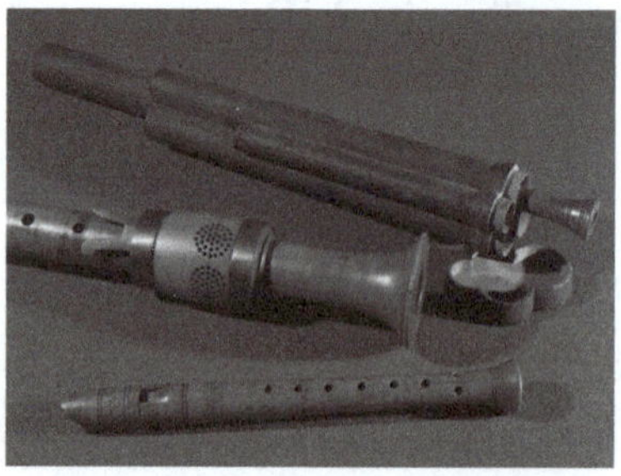

Figura 2.7

Conjunto de flautas

n.º 1

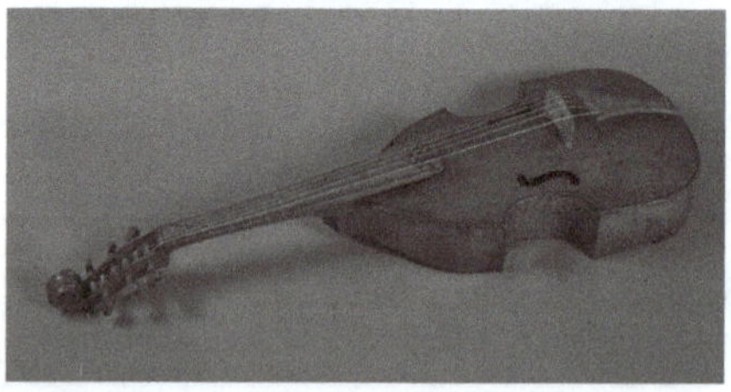

Figura 2.8

Viola

n.º 2

9. Transcribe los siguientes acordes al pentagrama. ¿Cuál de ellos no es perfecto? Hazlos sonar en un teclado o piano.

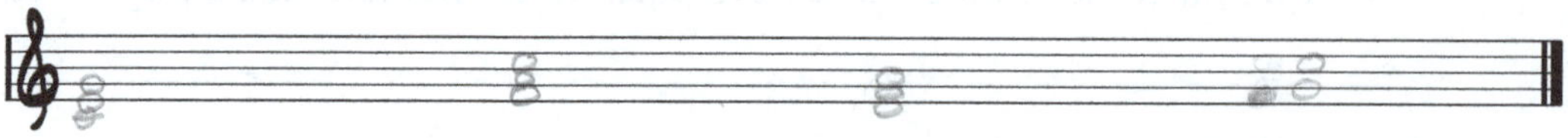

X

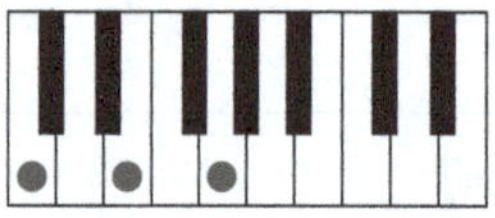

Figura 2.10

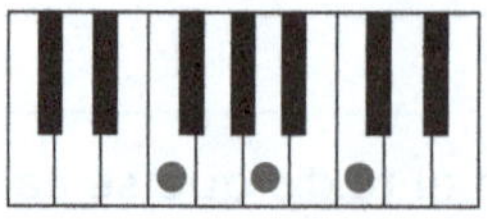

Figura 2.11

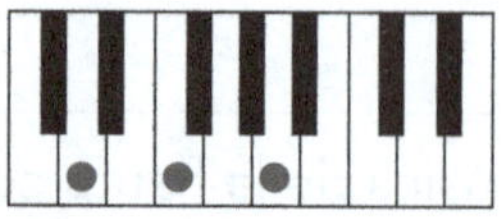

Figura 2.12

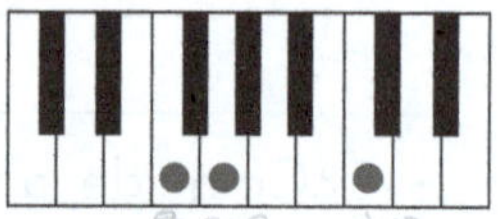

Figura 2.13

10. Escucha *Plum Blossom*. Esta pieza reúne elementos musicales citados en el apartado *Músicas del mundo*. Observa la sonoridad de su melodía: ¿qué escala crees que está utilizando el instrumento melódico?

La escala melódica pentatónica.

ACTIVIDADES FINALES DE LA UNIDAD

1. Define con tus palabras qué es un arpegio.

Un arpegio es depegar unos notas de un acorde.

Pueden hacerse de manera sucesiva o de forma alternativa.

Vt.

Fíjate en el acorde siguiente. Escribe en el pentagrama un ejemplo de arpegio con corcheas teniendo en cuenta dicho acorde.

2. Escribe las dos inversiones de cada uno de los siguientes acordes:

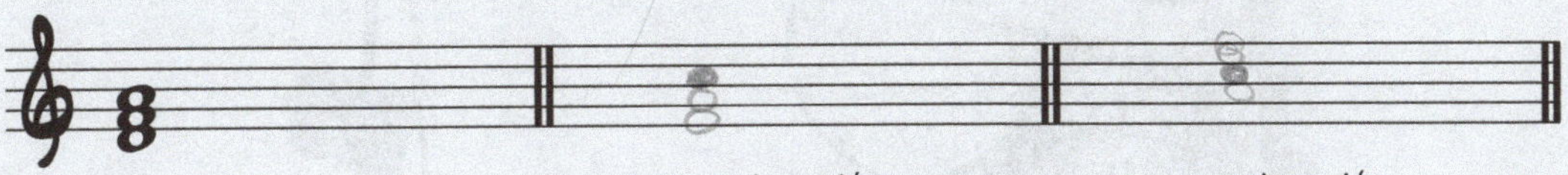

1.ª inversión | 2.ª inversión

1.ª inversión | 2.ª inversión

3. Observa esta escala. ¿Cuantas notas diferentes tiene? Toca todas las notas de dicha escala con tu flauta hacia arriba y hacia bajo en orden. Posteriormente prueba a tocar sus notas combinándolas al azar y repitiendo las notas que quieras. Es un tipo de escala que hemos mencionado en esta unidad: ¿sabes cuál es?

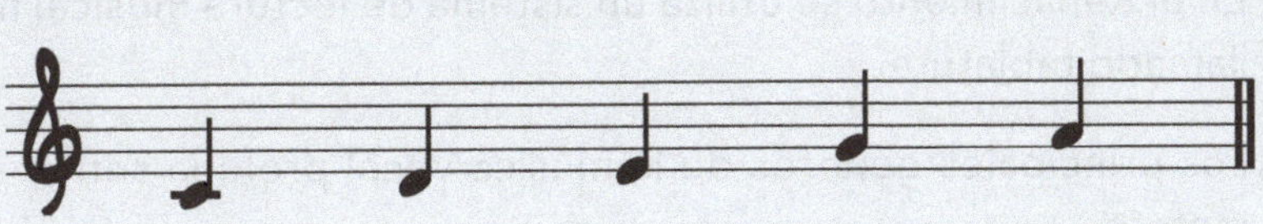

ESCALA PENTATÓNICA

ACTIVIDADES FINALES DE LA UNIDAD

4. Explica por qué la música china tiene ese sonido tan característico.

Porque la música china es un estilo único que muestra variados formas y elegantes expresiones.
Ya que refleja los pensamientos de la gente, el sentido de la belleza y de las artes del ser humano.
Por eso tiene un sonido muy característico.
También es debido por los instrumentos ya que emplean escalas como la escala pentatónica.
INSTRUMENTOS: la pipa, el sheng, koto.

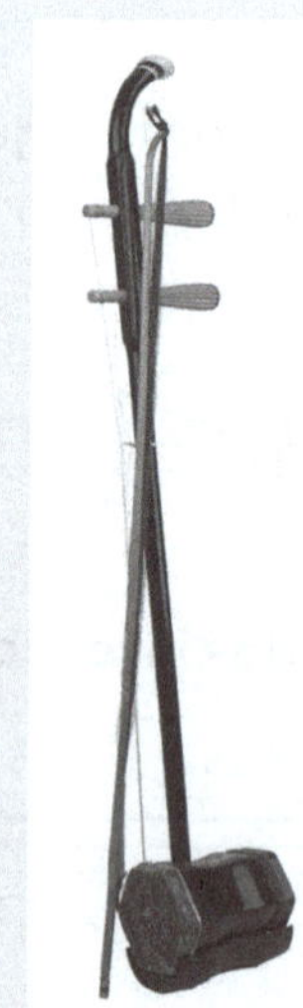

5. Contesta si es verdadero o falso lo que se afirma:

- F [X] *a)* La escala más utilizada en la música occidental es la pentatónica.
- [V] *b)* La pipa es un instrumento típico de China.
- F [X] *c)* El villancico es un género de música religiosa que surge en España.
- [F] *d)* La música *disco* fue un estilo musical surgido en los años ochenta. años setenta
- V [X] *e)* En el Renacimiento se utiliza un sistema de lectura musical más accesible llamado tablatura. contrapunto
- [F] *f)* Los principales géneros de la música vocal profana son el madrigal y el motete. chanson y madrigal
- [F] *g)* En el Renacimiento surge el concepto de orquesta.

ACTIVIDADES FINALES DE LA UNIDAD

6. Observa los siguientes ejemplos musicales:

a) ¿A qué género musical renacentista pertenecen? Razona tu respuesta.

Ejemplo 1: madrigal

Ejemplo 2: ~~quiriekon~~ kyrie eleisson

b) Localiza en las audiciones de tu disco estos dos fragmentos musicales.

Ejemplo 1 (pista de CD n.º ...) Madrigal

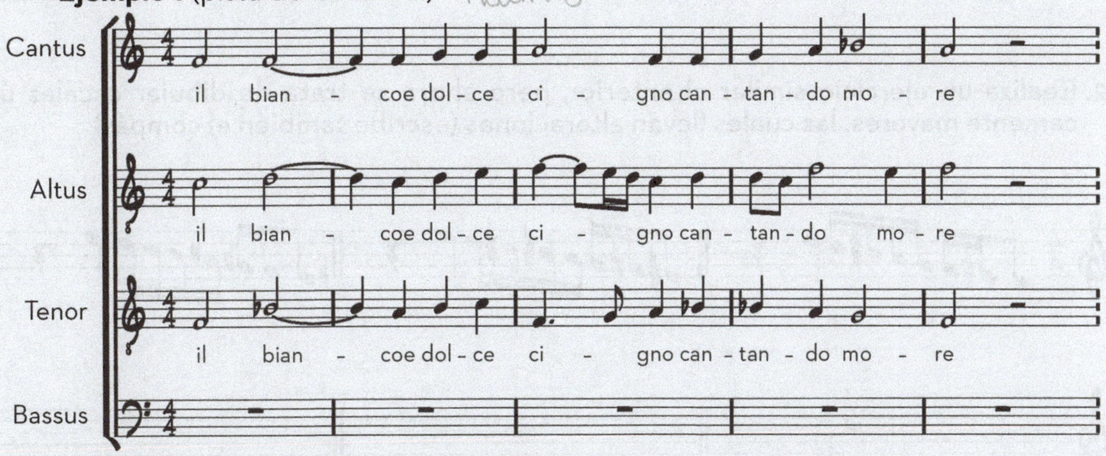

Ejemplo 2 (pista de CD n.º ...)

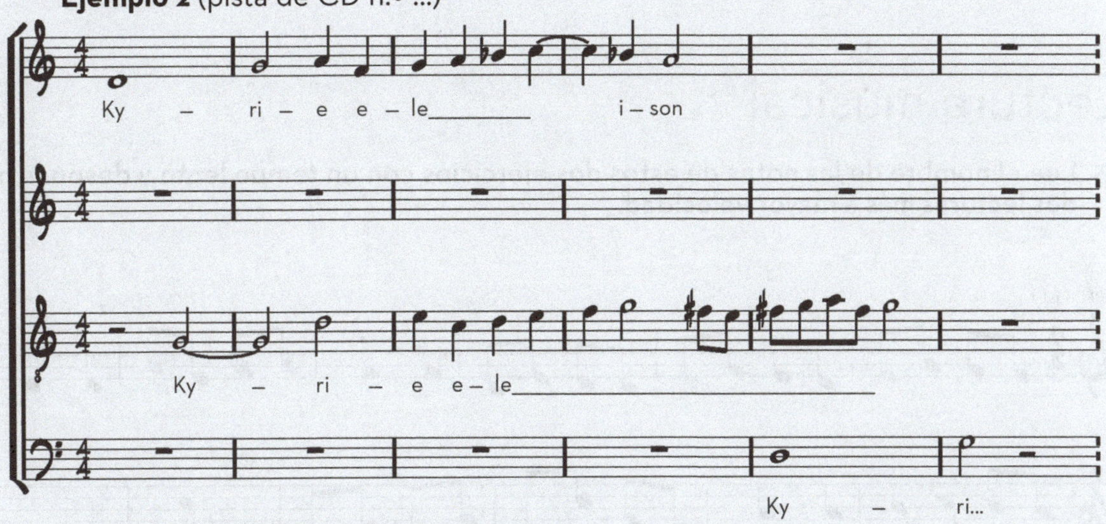

7. Investiga en Internet. En el Renacimiento hubo un compositor de madrigales conocido como el «príncipe de Venosa».

Busca en la red información de este compositor y responde a las siguientes cuestiones:

a) ¿Cuál es el nombre de este gran compositor de madrigales?

Su nombre es Carlos Gesualdo

b) ¿Qué hecho trágico marcó su vida?

Asesinó a su esposa y su amante, y es sospechoso de haber matado a su hijo.

Escribimos música

1. Copia las siguientes escalas (dibuja también la clave y el compás).

2. Realiza un ejercicio similar al anterior, pero ahora se trata de dibujar escalas únicamente mayores, las cuales llevan alteraciones (escribe también el compás).

Lectura musical

3. Lee el nombre de las notas de estos dos ejercicios con un *tempo* lento y después haz dos lecturas más a mayor velocidad.

Ejercicio 1

Ejercicio 2

Ejercicios de ampliación

4. Rellena los espacios en blanco con las palabras adecuadas.

a) Cuando cambiamos de orden las notas de un acorde hablamos de inversión del acorde. En un arpegio los sonidos no suenan simultáneamente como en el acorde sino que suenan sucesivamente

b) La música china se caracteriza por una ausencia casi total de armonía y se utiliza mucho la escala pentatónica.

c) El Renacimiento es la época de la polifonía o composición a varias voces y se desarrolla una técnica compositiva llamada contrapunto imitativo.

Vto

d) En la música vocal profana destacarán como géneros (composición) el madrigal en Italia, la chanson en Francia, y el villancico en España. En la música vocal religiosa se creará un estilo internacional y sus dos géneros principales serán el motete y la misa. Los instrumentos musicales se agruparán en potencia.

e) La música *disco* surge en los años setenta favorecida por la proliferación de discotecas y el desarrollo de los instrumentos electrónicos. La figura del DJ cobrará gran importancia.

5. Asocia cada ejemplo de la izquierda con el nombre que le corresponda.

a)  3

b)  4

c)  2

d)  5

e)  1

1. Acorde + arpegio
2. Intervalo melódico
3. Intervalo armónico
4. Acorde invertido + arpegio
5. Acorde + escala

Juegos musicales

1. Lee las definiciones e indica los nombres en cada espacio del crucigrama.

1. Escala de 5 sonidos utilizada en la música china.
2. Acorde desplegado.
3. Técnica vocal que utilizaba el grupo Bee Gees en la música *disco*.
4. ~~Género~~ composición vocal profano del Renacimiento en Francia.
5. Danza renacentista que se agrupaba con la gallarda.
6. Peculiar instrumento de viento del Renacimiento.

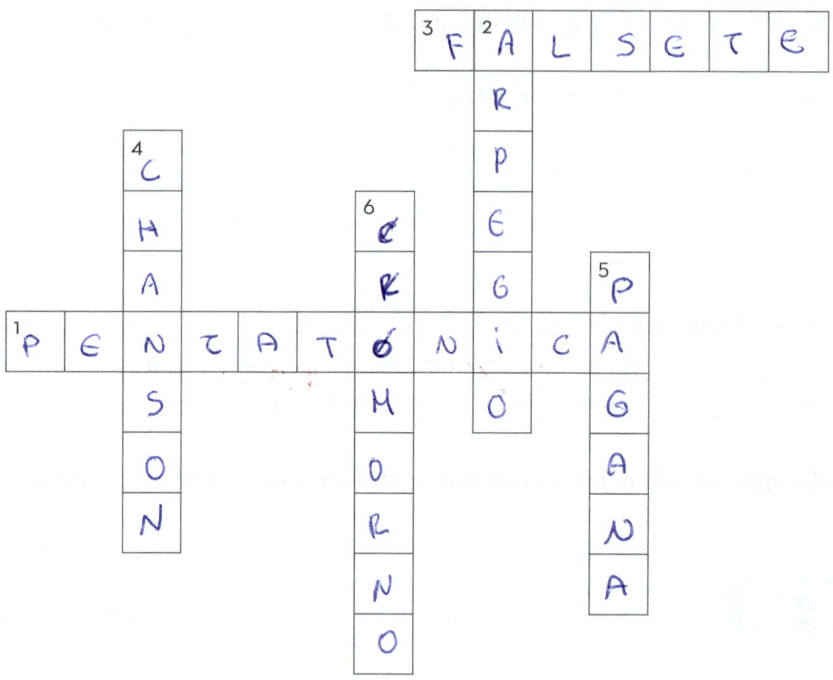

Ficha de audición

Audición n.º 1

Obra/canción: Hoy comamos y bebamos

Autor: Juan del Encina

Época: Renacimiento siglo XVI

Estilo: profano

Intérprete:

Género: vocal

Aspectos musicales a destacar:

a) ¿De qué trata el villancico? Trata de un villancico que cantaban en ~~Navidad~~, va de que unas personas tienen que comer, beber, cantar y holgar porque mañana ayunarán, por la honra de Sant Andruejo. ↳ Personas del pueblo.

b) En ~~Navidad~~ CARNAVAL porque había un santo y el día de antes había que ayunar: comer mucho y beber mucho.

c) Tiene una textura ~~polifónica~~. Homofónica

d) Son voces mixtas

Audición n.º

Obra/canción:

Autor:

Época:

Estilo:

Intérprete:

Género:

Aspectos musicales a destacar:

e) BIOGRAFÍA

- Nació muy cerca de Salamanca, hacia el año de 1468.
- Poco se conoce de su vida, pero se sabe que fue poeta y músico de gran prestigio en la corte.
- Realizó grandes viajes a Roma, Italia, donde tuvo amistad de Papas y reyes → Realizó una peregrinación a Jerusalén, donde se ordenó sacerdote.
- Murió en 1529.

Ejercicios melódicos

Ejercicios rítmicos

COLORES Y CONTRASTES

3

Contextos musicales

Músicas barrocas	Elementos musicales	• Uso del **bajo continuo.** • Búsqueda del **contraste.** • Búsqueda del **movimiento.** Estilo *concitato.* • Paso de la modalidad a la **tonalidad.**
	Música vocal	• **Vocal profana:** nacimiento de la ópera. • **Vocal religiosa:** los géneros principales son el oratorio y la *cantata.* A diferencia de la ópera, no tienen representación escénica.
	Música instrumental	• Los géneros principales son el **concierto** (*grosso* y solista), la ***suite*** y la **fuga.** • Es la época de los grandes ***luthiers*** italianos como Stradivarius.

Lenguaje y creación

- **Escala:** sucesión de sonidos entre dos notas del mismo nombre y ordenados de grave a agudo o viceversa.
- **Escala diatónica:** siete sonidos separados por tonos y semitonos. Entre *mi-fa* y *si-do* hay medio tono.
- En la Edad Media y el Renacimiento se utilizaron las **escalas** o **modos antiguos.**
- La **sonoridad de una escala** depende de la distribución de tonos y semitonos.

Escucha

- Las **guitarras** pueden básicamente ser de tres tipos: clásica o española, acústica y eléctrica.
- **Auditorio histórico:** el estilo *concitato* es un recurso que consiste en ejecutar un ritmo muy rápido sobre una nota.
- **Auditorio moderno: la música *soul*.**

  El *soul* es un estilo musical que nace en EE. UU. en la década de los setenta, y podemos definirlo como una mezcla de *R&B* **y** *gospel*.

Interpretación

- **Minuet:** danza que se caracteriza por su compás ternario, un tiempo moderado y un ritmo marcado. Tiene forma binaria.
- **Clavecín:** instrumento de tecla que se utilizó mucho en el Barroco para reforzar la armonía.
- La música peruana utiliza instrumentos muy característicos, como la flauta de Pan, el charango o la ocarina.

Actividades de la unidad

1. Escucha atentamente la siguiente audición, que contiene tres fragmentos de música barroca, e intenta relacionar cada uno de ellos con una de estas opciones:

Contraste ☐

Movimiento ☐

Voz grave + Melodía ☐

2. Escucha la audición *For unto us a child is born*, perteneciente a un famoso oratorio de Haendel. Busca en Internet y contesta:

a) ¿De qué oratorio se trata?

____

b) ¿Cuál es el coro que se ha hecho más famoso de este oratorio?

____

c) ¿De qué trata este oratorio?

____

5. Escucha estos cuatro fragmentos musicales y numéralos teniendo en cuenta el orden en que van sonando los diferentes elementos estilísticos.

Estilo *concitato* ☐

Contraste tímbrico ☐

Bajo continuo ☐

Contraste dinámico ☐

8. Escribe las escalas antiguas o modos de *fa* (lidio) y de *sol* (mixolidio) y señala la distancia de tono y semitono entre sus notas.

Modo de *Fa* (lidio)

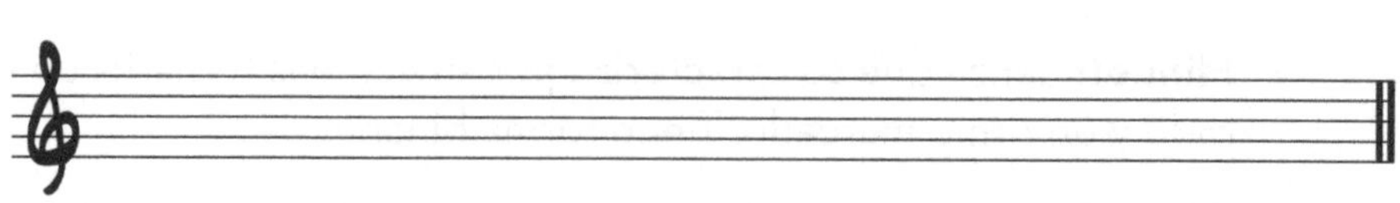

Modo de *Sol* (mixolidio)

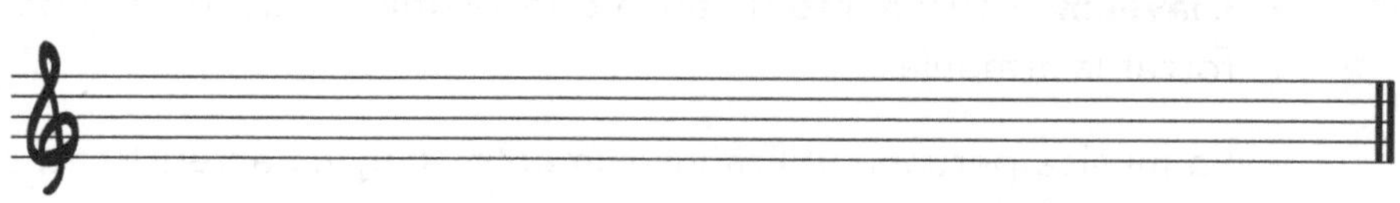

ACTIVIDADES FINALES DE LA UNIDAD

1. Asocia las siguientes escalas con su nombre correspondiente:

a)  • • Árabe

b) 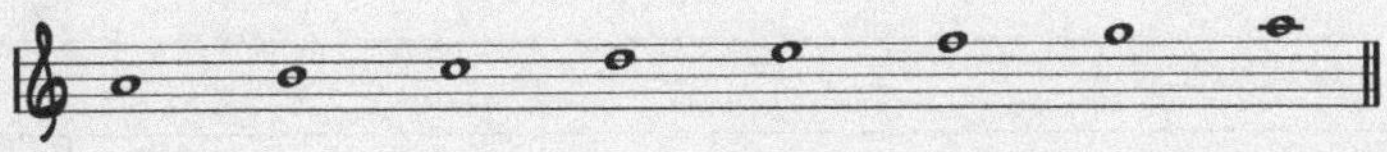 • • Frigia

c)  • • Pentatónica

d)  • • Diatónica

2. Observa los siguientes cuadros que contienen las partes o movimientos de tres géneros musicales. ¿A qué tipo de género barroco pueden pertenecer? Razona tu respuesta.

1
- *Allegro*
- *Adagio*
- *Allegro*

2
- *Allemande*
- *Courante*
- *Zarabanda*
- *Giga*

3
- Obertura
- Recitativo
- Coro
- Recitativo y aria
- Etcétera

Cuadro 1:

Cuadro 2:

Cuadro 3:

ACTIVIDADES FINALES DE LA UNIDAD

3. ¿Cuándo y dónde surge la música *soul*? ¿Quién es considerado el creador de este estilo?

4. Explica en qué consiste el estilo *concitato*.

5. Explica las principales diferencias entre un oratorio y una ópera.

6. Investiga sobre el charango, uno de los instrumentos de cuerda más populares de la música latinoamericana, y contesta:

   a) ¿Qué tipo de instrumento es? Descríbelo brevemente.

   b) ¿Cuál es su origen?

   Web recomendada: **www.charango.cl**

ACTIVIDADES FINALES DE LA UNIDAD

7. Indica si es verdadero o falso lo que se afirma:

☐ *a)* La escala antigua de *re* se llama escala frigia.

☐ *b)* La música barroca está basada en el contraste.

☐ *c)* La flauta de Pan es un instrumento parecido a la flauta dulce.

☐ *d)* La ópera nace en el Barroco en torno al año 1600.

☐ *e)* La música *soul* es una mezcla de *gospel* y *R&B*.

☐ *f)* Los principales géneros de la música vocal profana son el oratorio y la cantata.

☐ *g)* Un instrumento de acompañamiento muy importante en el Barroco fue el clavecín.

8. Investiga en Internet utilizando un buscador:

a) ¿Qué obra del Barroco se ha utilizado como sintonía de Eurovisión? ¿Quién fue su compositor?

b) ¿Qué obra compuso Haendel para ser interpretada al aire libre en una barcaza por el río Támesis (Londres)?

c) ¿Cuál es su origen?

Escribimos música

1. El siguiente fragmento musical está basado en las figuras del apartado *Con mucho ritmo* de tu libro de texto en combinación con la escritura de acordes. Escríbelo copiando también las claves y el compás.

2. Practica la escritura de alteraciones copiando la siguiente partitura.

Lectura musical

3. Lee el nombre de las notas respetando el ritmo de la melodía:

Ejercicios de ampliación

4. Rellena los espacios en blanco con las palabras adecuadas.

a) Una escala diatónica esta formada por ________________ y ________________.
Las notas entre las que hay medio tono son ________________ y ________________.
La escala antigua de re se llama escala ________________.

b) La fórmula rítmica de ________________ de corchea consiste en sustituir la primera de dos corcheas por su ________________.

c) En la música latinoamericana encontramos instrumentos como la flauta de ________________ y un tipo de guitarra pequeña llamada ________________.

d) El minuet es una danza de forma ________________, que se caracteriza por estar en compás ________________ y tener un ritmo ________________.

e) En la música vocal religiosa del Barroco destacan los géneros del ________________ y la ________________. En los oratorios, a diferencia de la ________________, no hay ________________ escénica.

f) El ________________ para solista surge también en el ________________ y se estructura en ________________ movimientos que contrastan en el ________________.

5. Indica la distancia en tonos y semitonos entre cada par de sonidos:

Ej.: 1 st + 1 t				

6. Clasifica los siguientes intervalos armónicos y di de cuántos tonos y semitonos consta cada uno de ellos:

	Ej: Intervalo armónico de 4.ª	2 tonos y 1 semitono
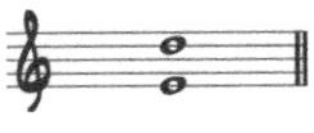		

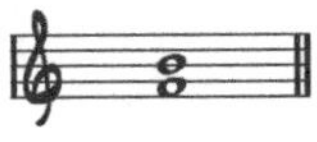		

Juegos musicales

7. Lee las definiciones e indica los nombres en cada espacio del crucigrama.

1. Signo que colocado a la izquierda de una nota sube su altura en medio tono.
2. Importante instrumento de teclado del Barroco. Empieza por C.
3. Nombre del bajo (voz grave instrumental) empleada en el Barroco.
4. Nombre del compositor, cantante y pianista ciego importante dentro de la música *soul*.
5. Nombre que recibe el libro que contiene todo el texto que debe cantarse en una ópera.
6. Apellido de uno de los grandes compositores de conciertos solistas del periodo Barroco.
7. Nombre genérico que reciben los signos que modifican la altura de las notas.

Ficha de audición

Audición n.º ____________

Obra/canción: ______________________ Autor: ______________________

Época: ______________________ Estilo: ______________________

Intérprete: ______________________ Género: ______________________

Aspectos musicales a destacar:

____

____

____

____

____

____

____

Audición n.º ____________

Obra/canción: ______________________ Autor: ______________________

Época: ______________________ Estilo: ______________________

Intérprete: ______________________ Género: ______________________

Aspectos musicales a destacar:

____

____

____

____

____

____

____

Ejercicios melódicos

Ejercicios rítmicos

TONALIDAD Y EQUILIBRIO

4

Contextos musicales

Músicas clásicas	Elementos musicales	• **Equilibrio** y **simetría** musical (ritmo, melodía y armonía). • **Melodía** más **comprensible.** • **Armonía** más **sencilla,** basada en los pilares de tónica y dominante. Predominio de la **textura de melodía acompañada.**
	Música vocal	• El género más importante sigue siendo la **ópera.** • Los temas utilizados en la ópera empiezan a contar **historias más cotidianas.** • Aunque pierde protagonismo, en la **música vocal religiosa** encontramos importantes obras como el ***Réquiem en Re m*** (misa de difuntos) de Mozart.
	Música instrumental	• Los **géneros** principales son la sonata, el cuarteto de cuerda, el concierto solista y la sinfonía. • La principal forma musical es la ***forma sonata.*** • El concierto se diferencia de la sinfonía en que tiene tres movimientos y es una obra para solista y orquesta.

Lenguaje y creación

- Las **escalas antiguas o modos** derivaron en los actuales modos mayor y menor.
- La **escala mayor** tiene un carácter más «alegre» y la **escala menor** más «melancólico».
- La **escala pentatónica** se compone de cinco sonidos sin semitonos. Se utiliza en algunas culturas orientales, como China y Japón.

Escucha

- **El mundo de los instrumentos: bajos eléctricos**

  El **bajo eléctrico** tiene como principal función el sostén rítmico-armónico de las canciones. El más típico es el de cuatro cuerdas con trastes, aunque hay variantes.
- **Auditorio histórico: el Clasicismo**

  El **cuarteto de cuerda** consta de dos violines, una viola y un violonchelo, y surge de la mano de Haydn.
- **Auditorio moderno: el *heavy metal***

  El *heavy metal* es un estilo musical que surge a partir del *rock* duro de grupos como Deep Purple o Led Zeppelin, y se consolida como estilo en los años setenta con grupos como AC/DC.

Interpretación

- La música de Oceanía utiliza instrumentos de diferentes zonas geográficas:
  1. Percusión maorí.
  2. *Diyeridú* australiano.
  3. Gamelán indonesio.

Actividades de la unidad

1. **Ya al final de su vida, Mozart compone la ópera *La flauta mágica*. Esta ópera contiene un aria *(Reina de la noche)* conocida dentro del repertorio operístico por su gran virtuosismo vocal. Contesta:**

   a) ¿A qué tipo de voz corresponde esta aria?

   b) Entra en la página **http://www.kareol.es/** y busca esta ópera. Haz una presentación con un resumen del argumento, sus personajes principales y un cartel de esta ópera.

2. **Escucha un fragmento del réquiem de Mozart titulado *Dies irae* ('El día de la ira'). Mozart murió antes de poder terminar este réquiem. Averigua quién fue el compositor que lo terminó.**

3. **Escucha esta audición. ¿Sabrías distinguir cuántos y qué tipo de instrumentos están tocando? ¿A qué familia pertenecen?**

4. **Escucha esta audición. En ella encontrarás dos fragmentos. ¿Qué diferencia aprecias entre ambos?**

Actividades de la unidad

5. Asocia cada uno de los tres fragmentos de esta audición con los siguientes géneros: cuarteto de cuerda, concierto y sinfonía.

Fragmento 1: ______________________________

Fragmento 2: ______________________________

Fragmento 3: ______________________________

6. Escucha y sigue la partitura del segundo movimiento del *Cuarteto op. 76, n.º 3* «Emperador», de Joseph Haydn. Seguro que te suena, ya que es famoso por haber sido adoptado como himno por un país. Averigua de qué país se trata.

____

7. Escucha un fragmento del *Adagio* de un concierto solista de Mozart. Contesta:

a) ¿Cuál es el instrumento solista de este concierto?

____

b) ¿De cuál de los tres movimientos se trata?

____

Figura 4.2. El cuarteto de cuerda está formado por dos violines, una viola y un violonchelo.

Figura 4.3. F. Joseph Haydn (1732-1809).

ACTIVIDADES FINALES DE LA UNIDAD

1. Dibuja en un pentagrama como el siguiente una escala de *re* y justifica por qué no es una escala mayor ni menor.

2. Define los siguientes términos:

- Modo menor:
- Cadencia:
- Réquiem:
- *Grunge:*

ACTIVIDADES FINALES DE LA UNIDAD

3. ¿Cuántas cuerdas puede tener un bajo eléctrico? ¿Cuál es el más utilizado? Indica qué notas suenan en cada uno de los números indicados en la imagen. Ten en cuenta que la cuerda superior de la imagen es la más aguda.

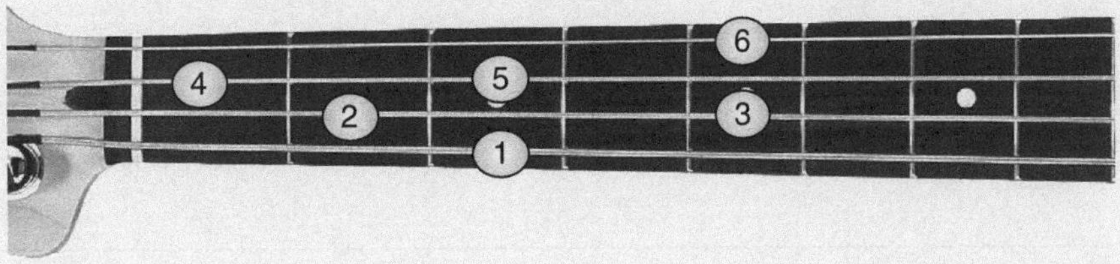

1: ______________ 4: ______________

2: ______________ 5: ______________

3: ______________ 6: ______________

Cuerdas: ______________

El más utilizado: ______________

4. Nombra a los tres grandes músicos del Clasicismo y di a cuál pertenece cada una de las siguientes obras.

____

- *Pequeña serenata nocturna en Sol M:*
- *Oda a la alegría (Sinfonía n.º 9 en Re m):*
- *Réquiem en Re m:*
- *La creación:*
- Cuarteto «Emperador»:

5. Cita al menos dos curiosidades sobre el *diyeridú*. Puedes ayudarte de Internet.

____

ACTIVIDADES FINALES DE LA UNIDAD

6. Observa el siguiente fragmento musical y justifica por qué su estilo es clásico.

7. Lee los siguientes fragmentos de dos cartas de Mozart a su padre y responde a las preguntas que se plantean a continuación:

Fragmento de una carta de Mozart a su padre (París, 31 de julio de 1778)

Así pues, mi intención, desde ahora, es la de hacer todo lo posible para salir adelante aquí con mis alumnos, y ganar el mayor dinero posible [...]. Ahora lo haré con la dulce esperanza de un pronto cambio de existencia; pues no quiero engañarle en esto, al contrario, le confieso que me alegraré de verme liberado de todo esto. Y es que no es ningún gusto dar lecciones aquí [...]. Es bastante fatigoso, y si no se dan las suficientes no se consigue mucho dinero. No crea que se trata de pereza [...] ¡No! [...] Es que es algo totalmente opuesto a mi genio, a mi manera de vivir [...]. Usted sabe que estoy, por decirlo así, totalmente sumergido en la *musique* [...], que no hago otra cosa todo el día [...], que me gusta pensar en ella, estudiarla [...], entregarme de lleno [...]. Pues bien, el tipo de vida que llevo aquí me impide hacerlo.

Fragmento de una carta de Mozart a su padre (Viena, 9 de mayo de 1781)

Ya no tengo la desgracia de estar al servicio del soberano de Salzburgo [...]. Hoy ha sido un día de felicidad para mí.

Me ha llamado canalla, piojoso, cretino... ¡Oh!, no podría contarle a usted todo. Por fin, como la sangre ya me hervía demasiado, le digo: «¿Entonces, su alteza no está contento conmigo?». «¡Como! ¿Quiere amenazarme este cretino? ¡Ahí está la puerta! ¡Con semejante bribón no quiero volver a tener nada que ver!» [...] Para acabar volví a intervenir: «¡Y yo con vos tampoco!». «¡Entonces fuera!». Y yo, al retirarme: «Como quedamos así, mañana recibirá mi dimisión por escrito».

ACTIVIDADES FINALES DE LA UNIDAD

a) ¿Qué situación describe cada una de las cartas?

b) ¿Qué tipo de vida, con respecto a su trabajo, le hubiera gustado llevar a Mozart? ¿Crees que lo consiguió?

c) ¿Cómo fue la relación de Mozart con sus «jefes»? ¿Crees que la actitud de Mozart fue uno de los motivos por los que murió en la miseria a pesar de ser un gran compositor?

8. Investiga en Internet:

a) ¿A qué edad compuso Mozart su primera sinfonía?

b) ¿Para qué príncipe trabajó el compositor Joseph Haydn?

c) ¿A qué sinfonía de Beethoven se ha llamado «Pastoral»? ¿Por qué?

Páginas web recomendadas:

www.melomanos.com **www.epdlp.com**

Escribimos música

1. Copia el siguiente fragmento basado en células rítmicas del apartado *Con mucho ritmo* de tu libro de texto. Observa que el mismo contiene una *ligadura* y tres indicaciones de intensidad.

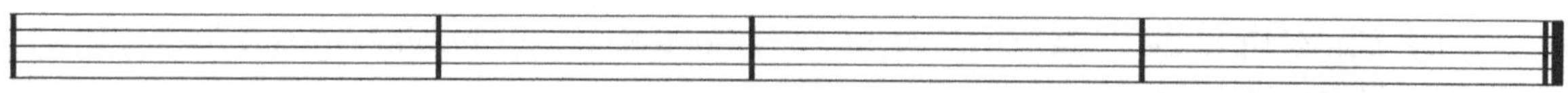

2. Copia el siguiente fragmento, tócalo con la flauta e indica a qué composición conocida pertenece y quién es su compositor.

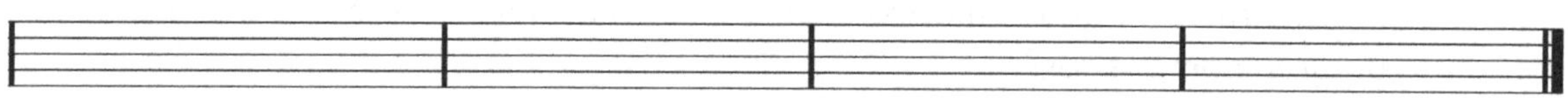

Nombre de la obra: ____________________ Compositor: ____________________

Lectura musical

3. Lee las notas de estos tres fragmentos. ¿Observas alguna similitud entre estas tres melodías? Si no encuentras la relación, prueba a tocarlas con la flauta (ten en cuenta las notas alteradas).

____

Ejercicios de ampliación

4. Rellena los espacios en blanco con las palabras adecuadas.

a) En una escala mayor los ____________ están en la posición ____ y ____, y en una escala menor en la posición ____ y ____.

b) La sonoridad de la escala mayor tiene un carácter ____________, y la de la escala menor un carácter más ____________.

c) La diferencia entre un bajo eléctrico y la guitarra eléctrica es que el bajo es más ____________ y sus cuerdas más ____________.

d) El *heavy* es un estilo musical caracterizado por el uso de voces solistas ____________, así como ____________ con sonido distorsionado.

e) Los tres grandes compositores del Clasicismo serán ____________, Mozart y ____________.

f) En el terreno de la música vocal se siguen cultivando algunos géneros ya utilizados en el Barroco, como el ____________, pero el género de música vocal profana más importante será la ____________. En la música vocal ____________, un género muy especial será la misa de difuntos, también conocida como ____________.

5. Observa la siguiente melodía e indica en qué escala está basada.

____

6. ¿Qué instrumentos componen un cuarteto de cuerda? ¿Qué compositor fue el precursor de este tipo de formación instrumental?

____

____

____

____

____

____

____

Juegos musicales

7. Resuelve el siguiente crucigrama relacionado con la música.

1. Nombre de uno de los géneros instrumentales predilectos del Clasicismo.
2. En la escala menor están en la II-III y V-VI posición.
3. Conjunto instrumental indonesio.
4. Número de cuerdas más común en un bajo eléctrico.
5. Conjunto de tres o más notas que suenan simultáneamente.
6. Grupo *heavy* que consiguió grandes éxitos con algunas baladas.
7. Forma musical muy utilizada en la música instrumental del Clasicismo.

Ficha de audición

Audición n.º ____________

Obra/canción: ______________________ Autor: ______________________

Época: ______________________ Estilo: ______________________

Intérprete: ______________________ Género: ______________________

Aspectos musicales a destacar:

____

____

____

____

____

____

____

Audición n.º ____________

Obra/canción: ______________________ Autor: ______________________

Época: ______________________ Estilo: ______________________

Intérprete: ______________________ Género: ______________________

Aspectos musicales a destacar:

____

____

____

____

____

____

____

Ejercicios melódicos

Ejercicios rítmicos

MÚSICAS VIAJERAS

5

Contextos musicales

Músicas románticas	Elementos musicales	• **Se amplía el ámbito melódico.** Se pierde la simetría clásica. • Música más cromática por el uso abundante de **alteraciones.** • **Indicaciones dinámicas** muy variadas. • Búsqueda de **mayor expresividad** con sutiles cambios de *tempo* e indicaciones de carácter.
	Música vocal	• Los principales **géneros** serán la ópera, el *lied* (canción) y la zarzuela en España. • El ***lied*** une la poesía y la música. Destacaron los compositores Schubert y Schumann. • La **ópera** experimenta una gran evolución, de la mano de compositores como Rossini, Verdi, Wagner, etc. • En España surge el género lírico de la **zarzuela,** que utiliza melodías y danzas provenientes del folclore español.
	Música instrumental	• Se siguen manteniendo **géneros** como la sinfonía, el concierto, etc., y aparecen otros **nuevos** como el *poema sinfónico*. Cobran especial importancia las piezas íntimas para piano (Chopin). • Se desarrollan la **música programática** (basada en elementos extramusicales) y los **nacionalismos musicales.**

Lenguaje y creación

- **Alteraciones:** son símbolos que modifican la altura del sonido de las notas.
- El **sostenido** (♯) sube medio tono el sonido, y el bemol (♭) lo baja.
- Las **enarmonías** o **equisonancias** son notas de igual sonido pero diferente nombre.

Escucha

- **Auditorio histórico: el Romanticismo**
  - El **nocturno** para piano es una de las formas musicales más poéticas del Romanticismo.
  - El **ballet** alcanza un gran desarrollo en el periodo romántico.
- **Auditorio moderno: el *tecno***
  - Música ***tecno*** es aquella producida por medios electrónicos. Su principal elemento musical es el ritmo.

Interpretación

- La **primera mitad del siglo XIX** tuvo **grandes compositores de sinfonías** en la línea trazada por Beethoven. Entre ellos destacaron Schubert, Mendelssohn y Schumann.
- La **anacrusa** consiste en comenzar la música antes del tiempo fuerte del compás.
- La **música *romaní*** es la que practica la etnia gitana de Europa oriental fundamentalmente. Su instrumento principal ha sido el violín, utilizando otros muy característicos como el zimbalón.

Actividades de la unidad

2. Escucha estos 5 fragmentos musicales y asocia cada uno de ellos a una de las siguientes opciones:

- Aria de ópera alemana. ☐
- Romanza de zarzuela. ☐
- Coro de ópera. ☐
- Coro de zarzuela. ☐
- Aria de ópera italiana. ☐

¿Podrías decir en qué fragmentos de los anteriores cantan un tenor, un barítono y una soprano?

---

3. Relaciona cada una de estas famosas óperas y zarzuelas del Romanticismo con su compositor.

Tannhäuser •	• Tomás Bretón
Aida •	• Giacomo Rossini
La verbena de la Paloma •	• Richard Wagner
Il trovatore •	• Giuseppe Verdi
Carmen •	• Georges Bizet
El barbero de Sevilla •	
El holandés errante •	

8. Escribe, al lado de estos sonidos, sus enarmonías. Observa el dibujo del teclado e indica la tecla en la que se tocaría cada una de ellas.

Ejemplo

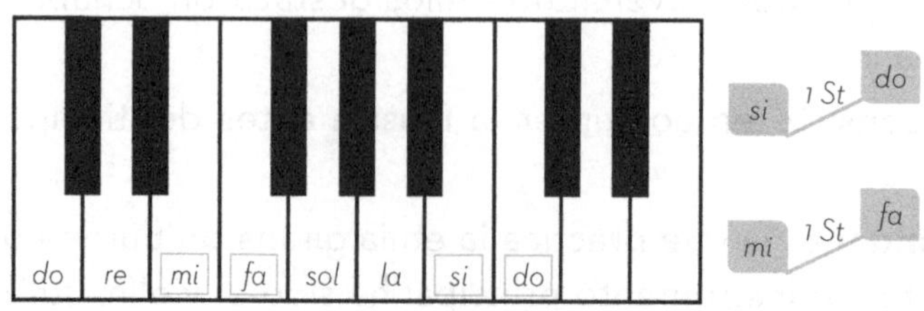

ACTIVIDADES FINALES DE LA UNIDAD

1. Define enarmonía. ¿Entre qué notas del piano no hay tecla negra? ¿Por qué?

2. Utiliza alteraciones para que, entre los siguientes pares de notas, haya la distancia indicada:

2 tonos | 1 tono + 1 semitono | 1 semitono | 3 tonos | 3 semitonos

3. Explica los siguientes conceptos:

- Romanza:
- Música programática:
- *Lied*:
- Zimbalón:

4. Une con flechas cada palabra de la columna izquierda con el compositor que le corresponda en la columna derecha.

Nacionalismo •	• Liszt
Nocturno •	• Schubert
Zarzuela •	• Verdi
Ópera •	• Berlioz
Poema sinfónico •	• Chopin
Sinfonía programática •	• Albéniz
Lied •	• Bretón

ACTIVIDADES FINALES DE LA UNIDAD

5. Investiga en Internet utilizando un buscador y responde a las siguientes preguntas:

a) ¿Qué ópera de Verdi está ambientada en el antiguo Egipto?

b) El compositor ruso Mussorgsky compuso una obra de música programática que incluye en su título la palabra «monte». ¿De qué obra se trata?

c) ¿Quién fue la bailarina principal del estreno del ballet *Las sílfides*? ¿Qué relación tenía con el coreógrafo?

d) En el siglo XIX el virtuosismo era muy valorado. ¿Quién fue el violinista más virtuoso de este periodo?

e) El gran pianista romántico Chopin pasó una temporada en una ciudad española. Averigua de qué ciudad se trata.

6. Explica brevemente las principales diferencias entre el clavecín y el piano.

7. Formad grupos y realizad un trabajo de investigación sobre algún órgano de tubos de alguna iglesia o catedral de vuestra comunidad autónoma. Debéis elaborar una ficha con los datos del instrumento y una fotografía del mismo si es posible.

8. Explica en qué consiste la música *tecno*. ¿Cuál es su principal elemento musical?

ACTIVIDADES FINALES DE LA UNIDAD

9. ¿Qué entendemos por música *romaní*?

____

____

____

____

10. Indica si es verdadero o falso lo que se afirma:

☐ *a)* El sostenido y el bemol bajan y suben respectivamente medio tono a la nota.

☐ *b)* La música *tecno* nace en Detroit en la década de los ochenta.

☐ *c)* El violín es un instrumento muy usado en la música *romaní*.

☐ *d)* *El lago de los cisnes* es una ópera de Tchaikovsky.

☐ *e)* El órgano de tubos es un instrumento de viento.

☐ *f)* En la música romántica las indicaciones dinámicas son muy variadas.

11. Observa el siguiente instrumento de teclado y contesta:

a) ¿De qué instrumento se trata?

____

b) ¿Qué otros nombres recibe?

____

c) ¿Cómo produce su sonido?

____

d) ¿En qué época fue muy utilizado?

____

Escribimos música

1. Copia la siguiente partitura, la cual es un repaso de todo lo trabajado hasta ahora: acordes, arpegios, alteraciones y ritmos diversos.

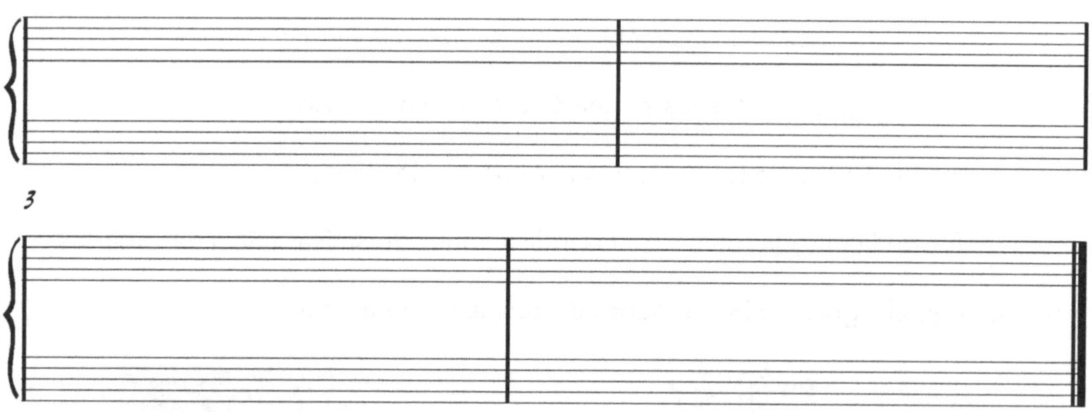

Lectura musical

2. Lee las notas de esta melodía. Debes hacerlo respetando el ritmo de la misma, en el que aparece la célula rítmica que has trabajado en el apartado *Con mucho ritmo* de esta unidad.

3. Lee a la mayor velocidad que puedas estas notas.

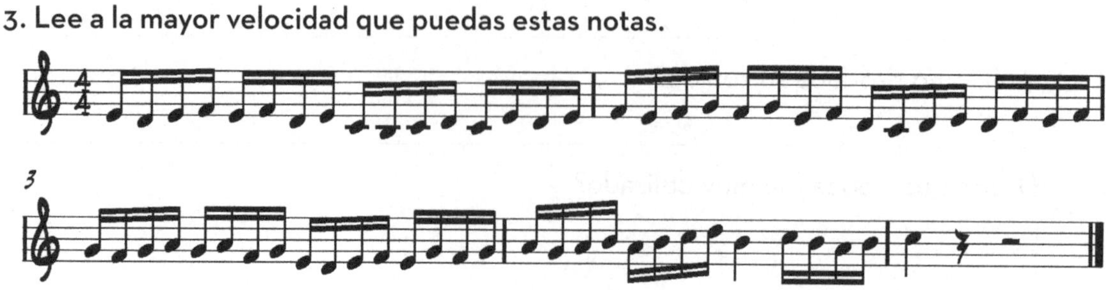

Ejercicios de ampliación

4. Rellena los espacios en blanco con las palabras adecuadas:

a) Las alteraciones son unos ____________ que modifican la ____________ de sonido de una nota. El ____________ la sube medio ____________ y el ____________ la baja. Cuando dos notas de diferente nombre suenan igual las llamamos ____________ o enarmonías.

b) En la música romántica las indicaciones ____________ son muy variadas y la ____________ ya no es tan ____________ como en el Clasicismo.

c) En España, el género vocal que se impone es la ____________ que utiliza ____________ y ____________ del ____________ español.

d) El lado poético del piano en el Romanticismo está representado por ____________ y el más virtuoso por ____________.

e) El ____________ romántico se caracteriza por el baile sobre las ____________ y la vestimenta blanca o ____________.

5. Indica la distancia en tonos y semitonos entre cada par de sonidos:

Ej.: 1 st + 1 t				

6. Clasifica los siguientes intervalos armónicos y di de cuántos tonos y semitonos consta cada uno de ellos:

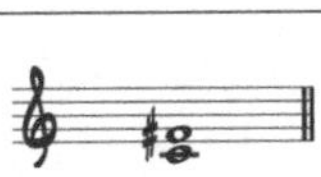	Ej: Intervalo armónico de 4.ª	2 tonos y 1 semitono
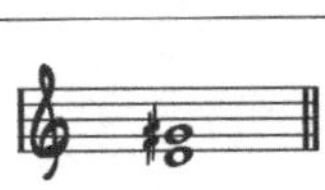		
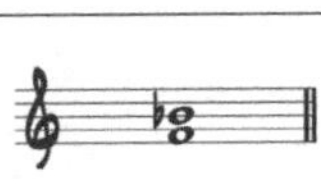		
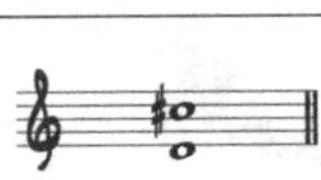		
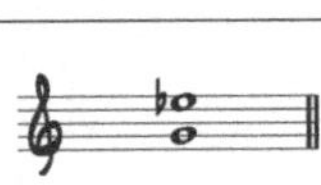		

Juegos musicales

7. Resuelve el siguiente crucigrama relacionado con la música.

Verticales

1. Notas que suenan igual pero se llaman de forma distinta.
4. Apellido del gran compositor de ópera romántica alemana.
5. Género musical que consiste en una poesía acompañada del piano.
6. Nombre de una famosa ópera de Verdi ambientada en Egipto.
8. Apellido del compositor de la zarzuela *La verbena de la Paloma*.
10. Compositor al que se denominó gran poeta del piano romántico.

Horizontales

2. Apellido del compositor que escribió la famosa *Marcha nupcial*.
3. Género musical español similar a la ópera.
7. Apellido del compositor ruso que escribió *El lago de los cisnes*.
9. Compositor perteneciente al nacionalismo español.

Ficha de audición

Audición n.º ________

Obra/canción: ________ Autor: ________
Época: ________ Estilo: ________
Intérprete: ________ Género: ________

Aspectos musicales a destacar:

____
____
____
____
____
____
____

Audición n.º ________

Obra/canción: ________ Autor: ________
Época: ________ Estilo: ________
Intérprete: ________ Género: ________

Aspectos musicales a destacar:

____
____
____
____
____
____
____

Ejercicios melódicos

Ejercicios rítmicos

CARÁCTER Y RUPTURA

6

Contextos musicales

Músicas del siglo XX	La música y su evolución en el siglo XX	• En el siglo XX **no se puede hablar de una unidad** de estilo.
	Impresionismo	• A las escalas tradicionales se añadirán escalas antiguas, la escala pentatónica y la escala de tonos. • Melodías menos definidas. • Utilización especial de ciertos instrumentos de la orquesta.
	Expresionismo	• La música se une a **argumentos fuertes.** • Invención del ***sprechgesang*** ('canto hablado'). • El lenguaje del expresionismo es la **atonalidad** (abandono o ausencia de la tonalidad).
	Nacionalismo	• Los compositores nacionalistas del siglo XX buscan la inspiración para su música en el folclore de sus respectivos países.
	Neoclasicismo	• El Neoclasicismo se basará en la música de periodos anteriores (Clasicismo, Barroco...) pero dentro de un nuevo lenguaje. • Se recuperan los géneros de la sinfonía, la suite, etc. • El compositor más importante de este estilo es I. Stravinsky.
	Música de vanguardia	• Las vanguardias **se apartan de los instrumentos y formas** de componer **tradicionales.** • Se consideran músicas de vanguardia la música **concreta,** la **electrónica** y la **aleatoria.**

Lenguaje y creación

- **Colocación correcta de la alteración:** a la izquierda de la nota y en su misma línea o espacio.
- El **becuadro** (♮) sirve para anular la alteración.
- **Armadura:** indicación de notas alteradas para toda la partitura.

Escucha

- **El mundo de los instrumentos: la percusión latina**
  - La música latina utiliza instrumentos de percusión específicos como el ***chequeré,*** **cencerro, claves, bongós** y **congas,** entre otros.
- **Auditorio moderno: cantautores españoles**
  - **Los cantautores** son artistas que **escriben e interpretan sus canciones.** Suelen tratar temas de compromiso social.

Interpretación

- La **música culta del siglo XX** se caracterizará por la **ruptura de muchos de los elementos musicales** que hasta entonces habían permanecido dentro de ciertas normas.
- El ***espiritual*** y el ***gospel*** son estilos de los esclavos africanos llevados a EE. UU.
- El ***calipso*** es un estilo musical originario de Trinidad y Tobago, y que surge como música de carnaval. Su instrumento característico es el *steel drum.*
- Una obra cumbre de la música del siglo XX es *Carmina Burana,* obra de Carl Orff basada en poemas medievales.

Actividades de la unidad

1. Escucha un fragmento de *La mer*, de Debussy. ¿Puedes distinguir los temas melódicos? ¿Serías capaz de tararear alguno de ellos? ¿Qué instrumentos puedes identificar?

Temas melódicos: ______________________

____

____

Instrumentos: ______________________

____

____

2. Visualiza en la web de recursos la escena tercera de la ópera *Wozzeck*, de Alban Berg, una de las obras maestras del estilo expresionista. A continuación:

a) Lee el argumento de esta ópera en la web.

b) Haz un resumen del contenido visualizado.

____

____

____

____

____

____

____

____

____

____

____

____

____

____

3. A través de la escucha, vas a realizar un pequeño viaje musical por esta geografía nacionalista. Después de haber escuchado esta audición una vez, vuelve a escucharla e intenta asociar cada sonido con su país correspondiente.

1. País: ______________________
2. País: ______________________
3. País: ______________________
4. País: ______________________
5. País: ______________________
6. País: ______________________

Actividades de la unidad

4. Visualiza en la web de recursos un fragmento de uno de los tres famosos ballets de Stravinsky, *El pájaro de fuego*.

a) Compara este ballet con el que ya viste en la unidad anterior y explica qué diferencias aprecias.

b) El estreno de uno de estos ballets supuso un auténtico escándalo. Averigua cuál fue y cuáles fueron las causas del escándalo.

5. Escucha la introducción de la *Sinfonía en Do* de Stravinsky y contesta:

13

a) ¿Crees que en la melodía se produce una pregunta-respuesta?

b) Y en la dinámica y en el ritmo, ¿crees que hay simetría tal y como viste en el clasicismo? Justifica tu respuesta.

Actividades de la unidad

6. Escucha el siguiente fragmento musical y di lo que puedas sobre los instrumentos, la melodía, el ritmo u otros elementos que te parezcan interesantes.

8. Copia este fragmento y coloca libremente alteraciones en él, para que contenga en total 2 do ♯, 1 do, 2 fa ♯ y 3 la ♭. Utiliza algún becuadro.

ACTIVIDADES FINALES DE LA UNIDAD

1. Busca en la Unidad y explica el significado de estos términos:

a) Becuadro.

b) Calipso.

c) Armadura.

d) Carmina Burana.

e) Güiro.

f) Piano preparado.

2. Observa el siguiente fragmento y pon debajo de cada nota las letras *N* o *A* para indicar si son naturales o alteradas.

ACTIVIDADES FINALES DE LA UNIDAD

3. Contesta a las siguientes cuestiones sobre el expresionismo:

a) ¿Cómo son los argumentos que utiliza?

b) ¿Qué es el *sprechgesang*?

c) Cita una pintura y una obra musical expresionistas.

4. ¿Qué diferencia existe entre música concreta, electrónica y electroacústica?

6. Relaciona cada uno de los siguiente autores nacionalistas con su respectivo país:

Falla •	• Inglaterra
Kodály •	• Finlandia
Sibelius •	• España
Gershwin •	• Estados Unidos
Shostakovich •	• Hungría
Williams •	• Rusia

ACTIVIDADES FINALES DE LA UNIDAD

7. ¿Qué es un cantautor? ¿Cuáles suelen ser las temáticas de sus canciones?

Investiga en Internet sobre algunos de los nuevos cantautores que están surgiendo en estos momentos, incluso de tu comunidad. Elige uno y haz una breve biografía del mismo, intentando conocer su música. Puedes buscar, entre otras, en la página web **http://www.elrincondelcantautor.com/.**

____

____

____

____

____

____

____

8. Nombra tres instrumentos típicos de la percusión latina.

____

____

9. Indica si es verdadero (V) o falso (F) lo que se afirma.

☐ *a)* La alteración solo afecta a la nota que la acompaña inmediatamente.

☐ *b)* Debussy fue el representante principal del Neoclasicismo.

☐ *c)* El *calipso* es una música originaria de Trinidad y Tobago.

☐ *d)* La obra musical del siglo XX *Carmina Burana,* de Carl Orff, está basada en poemas medievales.

☐ *e)* La obra de Stravinsky *La consagración de la primavera* consiguió un gran éxito en su estreno.

☐ *f)* Pablo Milanés y Silvio Rodríguez son dos importantes cantautores españoles.

10. Relaciona los nombres de cada compositor con el estilo que le corresponda:

Arnold Schöenberg •	• Neoclasicismo
Sergéi Prokófiev •	• Cantautor
Jorge Drexler •	• Impresionismo
Philip Glass •	• Minimalismo
Claude Debussy •	• Expresionismo

Escribimos música

1. **Copia el siguiente fragmento musical, el cual contiene las indicaciones de articulación más comunes: *staccato, legato* y acentos.**

2. **Copia el siguiente fragmento basado en células rítmicas utilizadas en el apartado *Con mucho ritmo* de tu libro de texto. Observa la escritura de la clave para percusión.**

Lectura musical

3. **Lee las notas de esta melodía. Recuerda que siempre debes hacerlo respetando el ritmo de la misma, por lo que es conveniente que la toques primero solo rítmicamente y luego hagas la lectura con las notas.**

4. **Lee a la mayor velocidad que puedas estas notas.**

Ejercicios de ampliación

5. Rellena los espacios en blanco con las palabras adecuadas:

a) Los colores o sonidos de la música ____________ se lograban a través del uso de ____________ sofisticados, escalas ____________, ____________ y por ____________ y el uso de determinados ____________ de la ____________.

b) La música expresionista es ____________ de escuchar debido al abandono de la ____________ y al uso continuo de la ____________. Al igual que el impresionismo, tomó su nombre de la ____________. Los argumentos de sus obras son ____________ llenos de ____________ y de ____________ poco comunes.

c) En la música nacionalista los compositores ____________ y ____________ se convertirán en verdaderos investigadores del ____________ de su país. En España destaca el compositor nacionalista ____________. Los compositores de EE. UU. encontraron su fuente de inspiración en el estilo musical del ____________.

d) El Neoclasicismo volvió a los géneros del ____________, la ____________, la ____________, etc., buscando un ____________ de otras tendencias del siglo XX y el regreso a una nueva claridad en la ____________, la ____________ y la ____________.

e) En la música de vanguardia el compositor ____________ fue el primero que escribió una obra únicamente para ____________ de percusión. La obra se tituló ____________.

6. Investiga acerca de la obra «Concierto de Aranjuez» y responde a las siguientes cuestiones.

a) ¿Quién compuso este concierto?

____

b) ¿Qué problema físico tenía el compositor?

____

c) ¿Para qué instrumento solista está escrito este concierto?

____

d) Busca en Internet una interpretación de este concierto y señala el nombre del solista. Escucha un poco del segundo movimiento. ¿Habías escuchado antes esta música?

____

7. Observa este fragmento musical. ¿Hay alguna nota alterada en él? ¿Cuántas? Razona tu respuesta.

____

____

____

Juegos musicales

8. Resuelve el siguiente crucigrama.

Horizontales

1. Instrumento típico del Caribe.
3. Apellido del máximo exponente del estilo musical expresionista.
5. Ausencia de tonalidad.
7. Apellido de un compositor americano de música indeterminada.

Verticales

2. Apellido del compositor célebre por su obra *Carmina Burana*.
4. Género musical típico del Caribe.
6. Compositor nacionalista español del siglo XX.
8. Música que combina la música concreta y la electrónica.

Ficha de audición

Audición n.º ____________

Obra/canción:. ____________________ Autor: ____________________

Época: ____________________ Estilo: ____________________

Intérprete: ____________________ Género: ____________________

Aspectos musicales a destacar:

____

____

____

____

____

____

____

Audición n.º ____________

Obra/canción: ____________________ Autor: ____________________

Época: ____________________ Estilo: ____________________

Intérprete: ____________________ Género: ____________________

Aspectos musicales a destacar:

____

____

____

____

____

____

____

Ejercicios melódicos

Ejercicios rítmicos

LA MÚSICA EN EL CINE, LA RADIO Y LA TELEVISIÓN

7

Historia de la música en el cine

Década	Características
Años veinte	• Un pianista ambienta (también tapa el molesto ruido del proyector). • *Cue sheets* (hojas con un listado de audiciones a tocar en la película). • El cine será mudo hasta casi finales de la década.
Años treinta	• Aparición progresiva del sonido en el cine. • La figura del mezclador de sonido será decisiva a partir de la aparición del sonido. • Utilización del sistema *click track* para sincronizar imagen y sonido.
Años cuarenta	• Época «dorada» en la música para cine en Hollywood: se marca el camino compositivo a seguir. • Los compositores utilizan un lenguaje musical basado en el romanticismo musical.
Años cincuenta	• Sigue el cine «espectáculo» de Hollywood, pero se buscarán nuevos caminos. • La televisión será un serio competidor del cine.
Años sesenta	• Utilización del *jazz* sinfónico y modelos sonoros del siglo XX. • Utilización de la música pop en el cine.
Años setenta	• Recuperación de las grandes partituras sinfónicas.
Años ochenta	• Instrumentos como el sintetizador son cada vez más utilizados.
Años noventa	• Nuevos sonidos (estilos) aparecen: *New Age*.

Aplicaciones de la música en una película

- **Música diegética:** proviene de una fuente que está dentro de la película: una radio, orquesta de baile...
- **Música incidental:** música «de fondo» que realza el contenido dramático, pero no tiene un sentido realista en la película.

El cine musical

- Género cinematográfico caracterizado por contener grandes dosis de fragmentos musicales cantados o acompañados de coreografías.

La música en la radio y en la televisión

- La radio y la televisión son poderosos medios de promoción musical.
- Cada vez existen más canales temáticos especializados en música.

El videoclip

- Vídeo musical (cortometraje con música) que tiene como objetivo principal la venta de un disco, de una canción interpretada por un grupo; en definitiva, la promoción de un artista.

Actividades de la unidad

2. Una de las *bandas sonoras sinfónicas* más impactantes de los últimos tiempos ha sido la correspondiente a la trilogía de *El señor de los anillos*, a la que pone música **Howard Shore**, y por la que obtuvo un Óscar de la Academia. Del siguiente listado de películas, di cuáles de ellas no pertenecen a este compositor: *Seven, Philadelphia, Star Trek IV, Torrente, El aviador, Harry el sucio, La habitación del pánico, Gangs of New York, Charlie y la factoría de chocolate.*

   Web recomendada para la búsqueda: **www.mundobso.com**

3. Dos de las películas musicales aquí nombradas fueron ganadoras de ocho Óscar, por encima de películas como *Patton, El golpe* o *La guerra de las galaxias*, que obtuvieron siete.

   ¿De qué musicales se trata? Como dicen en la entrega de premios, *The winner is...*

4. Cada vez existen más canales temáticos especializados en contenidos específicos. Averigua el nombre de un canal especializado en música y el estilo musical en el que basa sus emisiones.

   Consulta la programación del día de este canal y escribe una de las obras que se van a interpretar. Web sugerida: **www.rtve.es**

Actividades de la unidad

5. Un blog muy curioso es http://scopitones.blogs.com. En él puedes encontrar información extensa (eso sí, en inglés) sobre este curioso aparato. Otra parte de su atractivo reside en que puedes ver muchos vídeos de los que se reproducían en un *scopitone*.

Al entrar en el blog, encontrarás los vídeos en el cuerpo central y a la izquierda aparecen una serie de menús en los que puedes encontrar información sobre la historia del *scopitone*, artistas que grabaron estos primeros videoclips, etc.

Investiga en este blog y describe: ¿qué es un *scopitone*? ¿De qué fue precursor o antecedente? Visualiza dos vídeos y escribe el nombre de la canción y quién la canta.

6. En cualquier videoclub puedes conseguir la primera parte de *El señor de los anillos (La comunidad del anillo)*. Viendo la película, vuelve a repasar los temas musicales que aquí se han explicado y busca nuevas apariciones de los mismos a partir de donde se quedó la historia. ¿Hay algún tema que no sea idéntico a los aquí expuestos, pero sí muy parecido y que te lo recuerde? Anota dónde aparece y con qué personaje se relaciona.

ACTIVIDADES FINALES DE LA UNIDAD

1. Define los siguientes términos:

a) *Click track:* __________

b) Mezclador de sonido: __________

c) Música diegética: __________

2. ¿Qué se entiende por *banda sonora*?

3. Encuentra el infiltrado. De las siguientes películas, ¿cuál no pertenece a los musicales que ya conoces?

- *West Side Story*
- *La mandolina del capitán Corelli*
- *Cantando bajo la lluvia*
- *Un americano en París*
- *Cabaret*
- *Fame*
- *Mozart y la flauta mágica*

4. Define *videoclip*.

5. ¿Qué tipo de música te gusta? ¿Consideras que la radio y la televisión han influido en tus gustos musicales? ¿Crees que las listas de éxitos están manejadas por las emisoras o que solo siguen el gusto del público?

6. ¿En qué fecha se realizó la primera retransmisión de televisión en España?

7. Escribe los programas de televisión que sueles ver durante la semana. Responde a las siguientes preguntas:

a) ¿Cuántas horas dedicas aproximadamente a ver la televisión al día?

b) ¿Ves habitualmente alguna emisora especializada en música? ¿Cuál?

c) ¿Consideras que se podría calificar como «telebasura» alguno de los programas que ves?

d) Escribe el nombre de tus dos programas favoritos y explica por qué te gustan.

ACTIVIDADES FINALES DE LA UNIDAD

8. Asocia cada videoclip con el artista al que pertenece:

Smells like teen spirit •	• Michael Jackson
Sweet child o'mine •	• Robert Palmer
Vogue •	• Madonna
Thriller •	• Peter Gabriel
Addicted to love •	• Nirvana
Sledgehammer •	• Guns N' Roses

9. Indica si es verdadero (V) o falso (F) lo que se afirma:

☐ *a)* Los *cue sheets* eran unas hojas en las que se indicaban los tipos de música necesarios para cada escena y su duración.

☐ *b)* El mezclador de sonido tuvo un papel fundamental en el cine mudo.

☐ *c)* El género del *spaghetti-western* se creó en la provincia de Almería.

☐ *d)* BSO hace referencia a la música diegética de una película.

☐ *e)* Una BSO contiene únicamente la música de una película.

☐ *f)* *El cantor de jazz* es una película de cine mudo.

☐ *g)* Música incidental es aquella música de fondo que se escucha en una película.

☐ *h)* Un videoclip es un vídeo musical para promocionar canciones o artistas.

10. ¿A qué década pertenece cada película?

Ejemplo: *Casablanca* (1942) pertenece a la década de los años cuarenta.

- *La guerra de las galaxias (Star Wars).* __________
- *El bueno, el feo y el malo.* __________
- *El puente sobre el río Kwai.* __________
- *La pantera rosa.* __________
- *Matrix.* __________
- *King Kong.* __________
- *Carros de fuego.* __________
- *Grease.* __________

Escribimos música

1. **Copia los tres fragmentos siguientes (cuida la escritura de las líneas adicionales), los cuales corresponden a los temas principales de *El anillo* y *La comarca* de la BSO de *El señor de los anillos*.**

Tema de *El anillo*

Tema 1 de *La comarca*

Tema 2 de *La comarca*

Lectura musical

2. **Lee las notas de esta melodía. Está escrita en el compás de 6/8, por lo que es conveniente que practiques primero el ritmo.**

3. **Lee a la mayor velocidad que puedas estas notas.**

Ejercicios de ampliación

4. ¿Cuál de las siguientes opciones es la correcta?

- La música que proviene de una fuente «interna» en la película se llama:

☐ *a)* Música dietética.

☐ *b)* Música diurética.

☐ c) Música diegética.

- La música «de fondo» en una película se denomina:

☐ *a)* Música incidental.

☐ *b)* Música accidental.

☐ c) Música occipital.

- La banda sonora de una película contiene:

☐ *a)* Solo música.

☐ *b)* Música, diálogos y efectos de sonido.

☐ c) Música y diálogos.

- La primera película del género llamado *musical* fue:

☐ *a) Cabaret.*

☐ *b) Cantando bajo la lluvia.*

☐ *c) El cantor de jazz.*

5. Relaciona mediante flechas.

Herrman •	• *FM*
Radio •	• *Cantando bajo la lluvia*
Morricone •	• *Bohemian Rhapsody*
Goldsmith •	• *Psicosis*
Musical •	• *El planeta de los simios*
Videoclip •	• *El bueno, el feo y el malo*

6. Contesta las siguientes preguntas:

a) ¿Cómo se denomina la música de fondo que sirve para ambientar una película?

____

____

____

b) ¿Cómo se llama al cortometraje musical que sirve para promocionar una canción o a un artista?

____

____

____

Juegos musicales

7. Resuelve el siguiente crucigrama.

Verticales

1. Apellido de la primera persona en montar una emisora de radio profesional en Inglaterra en 1897.
2. Expresión inglesa para identificar a la persona que se dedica a poner música en una emisora de radio.
7. Nombre de unos de los videoclips más importantes de la historia de la música pop en el que aparece Michael Jackson.

Horizontales

3. Se considera el medio de comunicación más poderoso de todos los que existen.
4. Sistema de audio derivado del cine y de uso doméstico.
5. Expresión inglesa que designa el modo en el que un artista simula interpretar la música en una actuación en directo cuando en realidad es grabada.
6. Nombre de un tipo de película corta que se utiliza para promocionar un disco o a un artista.

Ficha de audición

Audición n.º ____________

Obra/canción: ______________________ Autor: ______________________

Época: ______________________ Estilo: ______________________

Intérprete: ______________________ Género: ______________________

Aspectos musicales a destacar:

____

____

____

____

____

____

____

Audición n.º ____________

Obra/canción: ______________________ Autor: ______________________

Época: ______________________ Estilo: ______________________

Intérprete: ______________________ Género: ______________________

Aspectos musicales a destacar:

____

____

____

____

____

____

____

Ejercicios melódicos

Ejercicios rítmicos

LA MÚSICA Y LAS NUEVAS TECNOLOGÍAS 8

Grabación y reproducción sonora

Historia	• **Edison** inventa el *fonógrafo* en 1877. • **Berliner** perfecciona la técnica de grabación con su *gramófono* y el disco lacado.
Nuevos sistemas de grabación y reproducción	• El certificado THX garantiza la calidad de sonido de una película. • El sistema multicanal 5.1 separa la música por frecuencias en cinco canales distintos creando un efecto envolvente.
Formatos de sonido	• El formato MP3 permite comprimir el audio sin que el oído aprecie apenas la pérdida de calidad. • Otros sistemas de compresión son Windows, Media Audio y Ogg Vorbis.

Instrumentos musicales y nuevas tecnologías

- El *sintetizador* permite crear nuevos timbres de sonido.
- El *lenguaje MIDI* permite a los instrumentos comunicarse entre sí o con un ordenador.

La informática musical

- El avance en los equipos y programas permite tener un estudio de grabación en casa *(Home Studio)*.
- Existe cada vez más software musical: editores de partituras, editores de audio, secuenciadores, etcétera.
- Los instrumentos virtuales reproducen sonidos reales de instrumentos mediante programas informáticos.

Internet y la música

- El sistema *P2P* permite que los usuarios compartan su música a través de la red.
- Se ponen en funcionamiento sistemas de compra de música a la carta como *Your Music*.

Actividades de la unidad

1. A finales del siglo XIX un cuadro del pintor **Francis Barraud** se convirtió en todo un símbolo de la industria discográfica. Averigua el título de este cuadro y describe la pintura.

3. Navega por Internet y bájate y escucha algún archivo MIDI de alguna melodía que conozcas. ¿Qué te parece la calidad del sonido? ¿Puedes explicar con tus palabras por qué no suena igual que la canción real?

4. Entra en la página principal de Spotify **http://www.spotify.com/es/new-user/** y date de alta. Cuando hayas terminado tu registro, te pedirá que descargues la aplicación que te servirá para escuchar música. Contesta:

   a) ¿Qué menús ofrece Spotify para escuchar novedades, listas de éxitos, etc.?

   b) ¿Permite Spotify importar alguna de tus bibliotecas musicales dentro de esta plataforma?

   c) Haz un viaje musical por la web y confecciona una *lista de reproducción* con 10 artistas que te gusten.

ACTIVIDADES FINALES DE LA UNIDAD

1. ¿Qué quieren decir los siguientes acrónimos? Explícalos.

- MIDI:

- THX:

- MP3:

2. ¿Quiénes fueron los inventores del *fonógrafo* y el *gramófono*? ¿En qué se diferenciaban ambos inventos?

3. Relaciona mediante flechas estas fechas con los siguientes términos:

1982 •	• Fonógrafo
1877 •	• *Long Play*
2001 •	• Napster
1948 •	• *Your Music*
2006 •	• CD

ACTIVIDADES FINALES DE LA UNIDAD

4. ¿En qué consiste el sistema *P2P*?

5. ¿Por qué las canciones que escuchamos en archivos MIDI no suenan como en el disco? ¿De qué depende la calidad de su sonido?

6. Nombra los tipos de programas que se utilizan en la informática musical.

7. Indica si las siguientes afirmaciones son verdaderas (V) o falsas (F):

- ☐ *a)* El *gramófono* es un invento de **Berliner** que grababa sobre un cilindro de estaño.
- ☐ *b)* Un instrumento virtual es un *software* (programa) que reproduce sonidos de instrumentos reales.
- ☐ *c)* El THX es un sistema que elimina ruido en las grabaciones.
- ☐ *d)* El sintetizador de teclado fue inventado por **R. Moog.**
- ☐ *e)* Un sintetizador es un programa para trabajar la música por pistas.
- ☐ *f)* Windows Media Audio y MP3 son dos sistemas de compresión de audio.
- ☐ *g)* Lo primero que grabó **Edison** fue la *Sinfonía* 39 de **Mozart.**

ACTIVIDADES FINALES DE LA UNIDAD

8. Relaciona las siguientes imágenes (Figura 8.13, Figura 8.14 y Figura 8.15) con los siguientes términos: editor de audio, editor de partituras y secuenciador.

Figura 8.13 ______________________

Figura 8.14 ______________________

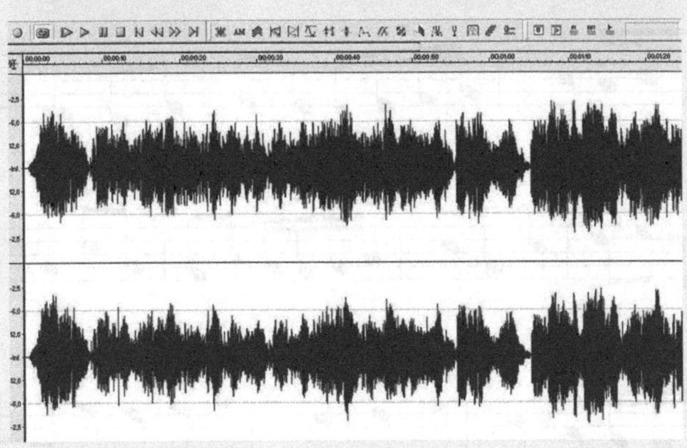

Figura 8.15 ______________________

9. Entra en la web www.bestservice.de/ y en el menú *instruments/strings* busca un instrumento virtual de una orquesta sinfónica y escucha varias de las demos.

a) ¿Qué te parece la calidad de sonido de estos instrumentos virtuales?

____

____

b) Crees que podrías distinguir estos sonidos de los de una orquesta real?

____

____

Escribimos música

1. **Copia el siguiente ejemplo musical, el cual contiene todo lo trabajado hasta ahora y alguna célula rítmica nueva como la síncopa.**

Allegro

Allegro

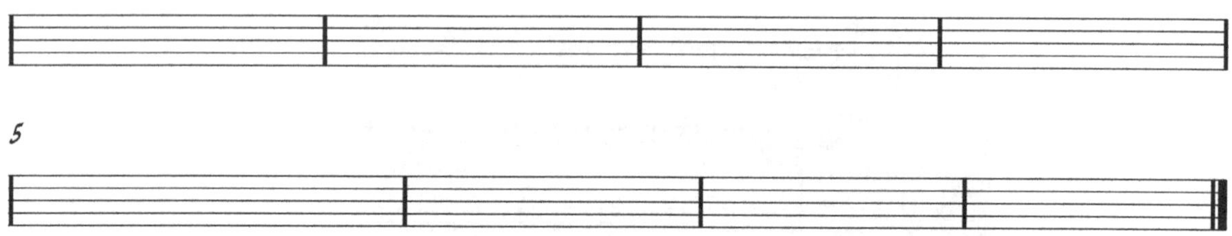

Lectura musical

2. **Lee las notas de esta partitura respetando el ritmo de la misma.**

3. **Lee esta partitura, y por ser la última de este apartado, intenta entonarla con la ayuda de tu profesor.**

Ejercicios de ampliación

4. ¿Cuál de las siguientes opciones es la correcta?

- El gramófono es:
  - ☐ *a)* Un invento de Edison.
  - ☐ *b)* Un invento de Berliner que grababa sobre un cilindro de estaño.
  - ☐ *c)* Un sistema de grabación sobre un disco lacado.
- El primer disco compacto se presenta en el año:
  - ☐ *a)* 1982
  - ☐ *b)* 1992
  - ☐ *c)* 1645
- El THX es:
  - ☐ *a)* Un sistema de audio basado en 5 altavoces.
  - ☐ *b)* Una certificación de calidad de sonido.
  - ☐ *c)* Un sistema que elimina el ruido de las grabaciones.
  - ☐ *d)* Un programa de ordenador para grabar audio.
- El MIDI es:
  - ☐ *a)* Un aparato que produce sonidos sintetizados.
  - ☐ *b)* Un sistema para que los instrumentos y ordenadores se comuniquen entre sí.
  - ☐ *c)* Un sistema de compresión de audio.
- Un instrumento virtual es:
  - ☐ *a)* Un *software* (programa) que reproduce sonidos de instrumentos reales.
  - ☐ *b)* Un instrumento que está en mi imaginación.
  - ☐ *c)* Un sonido que sale de la tarjeta de sonido del ordenador.

5. Escribe V o F según sea verdadero o falso cada enunciado.

- ☐ *a)* El primer modelo de CD que salió al mercado lo hizo en 1992.
- ☐ *b)* Las siglas THX están tomadas de una película de George Lucas.
- ☐ *c)* El 5.1 es un modelo de altavoces.
- ☐ *d)* El Windows Media Audio es un sistema de compresión de audio.
- ☐ *e)* Un instrumento virtual es el que lleva la tarjeta de sonido de mi ordenador.

Juegos musicales

6. Resuelve el siguiente crucigrama.

Vertical

2. Apellido del inventor del sintetizador de teclado.
4. Inventor del fonógrafo.
6. Empresa que inventó el magnetófono.
8. Nombre que recibe el sistema de eliminación de ruido.
10. Siglas del sistema que permiten que los instrumentos electrónicos se comuniquen entre ellos.

Horizontal

1. Aparato que crea timbres propios de sonido.
3. Nombre y apellido del director de cine que desarrolló el THX.
5. Programa que sirve para trabajar por pistas.
7. Apellido del técnico alemán que desarrolló el MP3.
9. Altavoz de graves en un sistema de sonido 5.1.

Ficha de audición

Audición n.º ___________

Obra/canción: ______________________ Autor: ______________________

Época: ______________________ Estilo: ______________________

Intérprete: ______________________ Género: ______________________

Aspectos musicales a destacar:

____

____

____

____

____

____

____

Audición n.º ___________

Obra/canción: ______________________ Autor: ______________________

Época: ______________________ Estilo: ______________________

Intérprete: ______________________ Género: ______________________

Aspectos musicales a destacar:

____

____

____

____

____

____

____

Ejercicios melódicos

Ejercicios rítmicos

Ejercicios melódicos

Ejercicios rítmicos

Ejercicios melódicos

Ejercicios rítmicos

Ejercicios melódicos

Ejercicios rítmicos